新竹重建文廟碑

中和以位天地絪緼
以化萬物聖人則之
而建民極沛其至德
遡其元命垂平謨訓
煥乎文章保之者昌
陸之者亡山嶽可以
成礪河海可以成沚
日月不可得而損其
明天地不可得而變
其道也道光四年始
建文廟於臺之淡水
光緒元年畫竹塹為
淡水新竹二縣甲午
之役閩海一隅蔫焉
傾覆率土之濱左衽
事夷新竹廟偪閭廛
禮器朽壞逶夫世變
星移東國敗毗君子
尊經思復禮樂乃重
建祠宇度其原隰相
其岡陵齋宮肅閟軒
墀秩穆鐘磬有列遵
豆有序華冠象環之
容宗彝尊鼎之設上

香港大學中文學院九十年

慌魚 題

中華書局

編者弁言

香港大學成立之初，即設有漢文課程，然未有專責授課之部門。至 1927 年，文學院設立中文系 (Chinese Department)，開設中國經學及文、史、哲等科目，供學院學生選讀。九十年以來，中文系以傳承國粹、貫通中西文化為宗旨，歷經幾代學者辛勤開墾耕耘，奠定規模，建立傳統。2006 年文學院改組，中文系升格為中文學院 (School of Chinese)，成為文學院四大學院之一。今天中文學院課程涵蓋語言文學、歷史文化、中英翻譯三大領域，成為國際上深具影響力之教研機構，九十年間步履相接，薪火承傳，有以成之。

中文系成立之初，由賴際熙、區大典二太史出任專席講師，仿照晚清廣州廣雅書院學制，主要教授經、史、文詞。1935 年，許地山先生受聘為創系教授，改組課程，實行文、史、哲並重，其時中文系亦一度易名為中國文史學系 (Department of Chinese Studies)。

1941 年，許地山教授逝世，教授一職由 1940 年到學院履新之史學大師陳寅恪先生接任，系內行政事務則由馬鑑先生掌管。日佔時期，陳、馬兩先生逃避招安，返回內地，後者於戰後重返港大，出任中文系教授兼主任，至 1950 年榮休。

1950 年初，澳大利亞悉尼大學（University of Sydney）講座教授賴歐（Professor J. K. Rideout）擔任學系講座教授，惟履新月餘不幸遽逝。校方委任曾任教金陵大學之賀光中先生署理系務，賀先生稍後因移居澳大利亞而離任。

1952 年，曾任教山東齊魯大學之林仰山教授 (Professor F. S. Drake) 接掌中文系。林教授在任十二年，其間引進中國考古與藝術等科目。五十年代初，南來學者

頗多居留香江，著名史學家羅香林、饒宗頤兩位教授其時亦於港大中文系任教。

1964年，林仰山教授榮休，羅香林教授接替成為系主任。羅教授於任內推廣族譜學、唐代史、民族史與客家文化研究，並積極推動本地歷史之考察勘探，開拓學術領域，為香港史紮根。

1968年羅香林教授榮休，馬蒙教授接替為系主任，銳意推動課程改革，開辦中國歷史研究文科碩士課程，更增設多項學士選修科目，如現代文學、現代漢語及近三百年學術思想史等。又在任內將翻譯科目擴充成為完整之主修課程，而至於今日，翻譯科已成為香港各專上院校之重要學科。回顧馬教授任內十三年之學院發展歷程，實見其高瞻遠矚，深具開創性，貢獻極大。

1981年，馬蒙教授榮休，中央研究院院士何丙郁教授蒞港出任中文系主任。何教授為中國科技史權威，在任六年，開設科技史科目及帶動相關研究，退休後轉往劍橋大學出任李約瑟研究所所長。

1987年，趙令揚教授接掌中文系。趙教授於任內積極推動學術研究及交流，多次主辦國際學術研討會，深獲各方學者專家重視，多位著名學者先後應邀到香港大學發表演說。時值中國內地改革開放，中文系既為教研碉堡，亦是交流橋樑，海內外學者恆常雲集於此，稱盛當時。趙教授於1993年成立中文增補課程教學單位，主理全大學之中文必修課程，同時將大學之語文研習所（Language Centre）轄下中國語文部納入中文系（後成為漢語中心）；自此，中文系統攝香港大學之全部中文教學活動。擔任系主任期間，趙教授亦曾兼任文學院院長，而查良鏞、徐朗星等研究基金均在其任內設立，對

編者弁言

推動文學院之學術研究貢獻甚巨。

1998 年，趙教授榮休，單周堯教授繼任為系主任。任內應教育統籌局邀請，於 2005－2008 年間開辦學位教師中文學科知識深造文憑課程，以加強中小學中文師資培訓；又於 2006 年開設中國語言文學文科碩士課程，以推廣學術傳播。

踏進二十一世紀，香港大學文學院架構重組，2006年中文系升格為學院。2008 年單教授榮休，楊玉峰博士出任中文學院主任，2011 年由施仲謀博士接任。施博士於 2015 年離任，轉職香港教育大學擔任教授，吳存存教授接掌學院至今。在上述三位學院主任領導之十年間，學院中國語言文學科目增加至 39，中國歷史文化科目增加至 42，翻譯科目增加至 22，學科規模粲然大備，承傳國粹，貫通中西，一如往昔。

建基於歷代主任之努力，當前的中文學院由學院本部、中文增補課程及漢語中心三部分組成。

學院本部開設之學士課程包括中國語言文學、中國歷史文化、中國文史兼修、中英翻譯共四種主修及副修課程。中國語言文學課程分語言及文學兩大範疇，古典與現代並重；中國歷史文化課程包含通史、斷代史及專題史，培養史學人才；中英翻譯課程包括翻譯理論、語文研究、譯文評析、翻譯實習，理論與實踐兼備。

至於本科之深造，分修課式及研究式兩類。中國歷史研究之修課式碩士課程溯始於上世紀七十年代，之後累進發展，延續至今。中國語言及文學之修課式碩士課程則於千禧後開設，而翻譯之修課式碩士課程亦將於來年創立。研究式碩士和博士課程由來已久，現時全日制、兼讀制並備，設立獎學金，以扶掖後學。學院亦招聘全職博士後人才，專供具有潛力之年輕學者從事進一步學術研究。

中文增補課程提供全校學生必修之實用中文課程，

內容包括漢語知識、溝通技巧和各類文書寫作方法。課程與各院系商議協作，各有特定設計，重視專業應用之寫作訓練，務求內容切合專科及時代所需。教學目標以學習效果為本，鼓勵學生主動探索，並採用電子平台研習，引入普通話元素，要求語文學習必須與時並進。

漢語中心主要提供普通話及廣州話應用課程，開設一至八級之漢語課程，一級及二級廣州話課程，又設各種中國文化課程，供國際交換生選修。中文證書課程為二年制密集式語文訓練課程，主要供外籍人士修讀。此外，漢語中心亦提供不同種類、不同程度之普通話課程，供本地同學選讀。

中文學院廣納賢才，講學者包括本地和海內外專家，於其研究領域均具卓見。學院每年均召開國際學術研討會，亦主持或參與國際學術交流活動，成就斐然，國際學壇推重。學院中英文出版物眾多，定期出版《東方文化》和《明清史集刊》兩種具國際影響力之學術期刊。

中文學院成立以來，九十年間培育學生不計其數，畢業生回饋社會，於學術、文化、教育、考古、美術、傳媒、政治、經濟、法律、公務等各方面，碩果盈盈，學院同仁深以為傲。今年正值中文學院創立九十周年，編輯委員會匯纂過去歷史片斷成書，聚焦千禧以前，穿梭歲月，鈎沉圖像翰墨。師生合照、前賢手稿、訪問學人留影、國學大師文牘，彈指之間，躍動翻飛於紙頁。本書所錄圖像，新採自香港大學圖書館、美術博物館、檔案中心者，均一一注明，其餘選自《香港大學中文學院歷史圖錄》及中文學院所藏資料者，不再另行注出。謹期盼本書之出版，既為畢業同學之回憶，亦展示過去之成就與榮光，足迹處處，心繫之焉。

謹祝願學院邁向百周年，踵事增華，百尺竿頭，更進一步。

香港大學中文系創系系主任
賴際熙太史（1865 － 1937）

賴太史為廣東增城人，以增生入廣雅書院，光緒十五年（1889）舉人，光緒二十九年（1903）進士，欽點翰林院庶吉士，習法政，散館授編修，充國史館纂修。民國肇建後，居於香港。1912 年，賴太史與區大典太史同獲香港大學聘為漢文講師。1926 年，賴太史隨同港大校長康寧爵士 (Sir William Woodward Hornell) 往南洋募捐，獲華僑陳永、廖榮之等捐助港幣四萬元，遂於 1927 年成立中文系，由賴太史掌系務，直至 1932 年。

香港大學 1913－1914 年度校曆 (Calendar) 列載的早期漢文課程

60   *Arts Course.*

MODERN HISTORY.

Outlines of the History of England from 1700 to 1900.

Outlines of the History of Europe from the Congress of Vienna to 1900, with special attention to the development of national sentiment and policy; a special book to be prescribed from time to time. The special book for 1913-1914 is A. W. Ward, "Modern Germany", (Cambridge Univ. Press).

British Colonial Expansion.

General History of United States 1763-1898.

Relations of China and Japan with Europe up to 1890.

ECONOMICS AND POLITICS.

The Scope and Method of Politics and Economics.

Commercial Geography and Descriptive Economics. The forms and geographical distribution of Natural Resources of economic importance; Population; Wealth. Methods of Production, Transport, Exchange Distribution, and Consumption of Wealth.

Analytical Economics.

Definitions and Fundamental Ideas of Economic Theory.

The Principle of Population. Law of Diminishing Returns. Marginal Quantities. Theory of Exchange. Law of Supply and Demand.

CLASSICAL CHINESE.

History.

Selections from the following books :—

> The Twenty-four Histories.
> Tzŭ Chih T'ung Chien.
> Supplement to the Tzŭ Chih T'ung Chien.
> T'ung Tien with Supplement.
> T'ung K'ao with Supplement.
> T'ung Chih with Supplement.
> T'ung Chien Chi Lau.
> The Historical Records of the Sung, Yüan, and Ming Dynasties.

For the Intermediate Examination :—

> From the Three Rulers to the end of the Eastern Tsin Dynasty.

Literature.

The Four Books, and Five Classics, with selections from the Commentaries of Chu Hsi and others.

For the Intermediate Examination :—

> The Four Books.

Arts Course.   **63**

SYLLABUS OF SUBJECTS FOR THE FINAL EXAMINATION.

ENGLISH.

Forms of Literary Composition in Prose and Verse. Style.
History of English Language and Literature.
A period of Literature with works to be specially studied.

HISTORY.

1. General History of Europe and Asia from 1500.

2. *One* of the following :—
   - (*a.*) Outlines of Chinese History from 221 B.C.
   - (*b.*) Modern European History from 1450 A.D.
   - (*c.*) English Constitutional History from 1500 A.D.
   - (*d.*) History of Political Theories.

ECONOMICS AND POLITICS.

ECONOMICS.

DESCRIPTIVE.

Industrial Organisation, Relations of Employer and Employed. Conditions of Industrial Efficiency, as illustrated by one or more of the great Industries. Commercial Organisation with special reference to the Commerce of the East.

Money. Credit. Banking. International Trade and the Foreign Exchanges.

ANALYTICAL.

Theories of Value, Exchange, Production, Distribution and Consumption.

POLITICS.

(*a.*) Constitutional History.

(*b.*) History of Political Theories.
(Taken under History by students who take Economics and History in Final Stage.)

PUBLIC FINANCE.

Currency. National Debt, Taxation, Public Enterprises.

CLASSICAL CHINESE.

HISTORY.

From the Division into North and South to the end of the Ming Dynasty.

LITERATURE.

The Five Classics : with Commentaries.

PURE MATHEMATICS.

The Subjects of the Intermediate Courses together with :—

ALGEBRA AND TRIGONOMETRY.

The Binomial Series, the Exponential and Logarithmic Series, the series of the sine and cosine of an angle, with a discussion of their convergency.

《香港大學藏書目錄》著錄金文泰爵士所贈《欽定古今圖書集成》

香港大學開設漢文科後，賴際熙太史隨即呼籲社會賢達捐贈中文圖書，建立書藏。這部賴太史 1915 年編撰的書目，記錄了香港大學第一批中文藏書。

金文泰爵士於 1925－1930 年任香港總督期間，致力推動中文教育，成立漢文中學（後改名金文泰中學），並支持香港大學成立中文學院。

兵家類

果敏齋兵書七種八十卷
登壇必究一百八十卷
讀史兵畧四十六卷 胡林翼

張耀軒士 君送
張羅軒士 君送
張緝三 君送

類書

欽定古今圖書集成 一萬卷目錄四十卷攷正四十八卷 雍正四年敕編 金文泰君送

目錄四十卷 乾象典一百卷 歲功典一百十六卷 曆法典一百四十卷 庶徵典一百八十八卷 坤輿典一百四十卷 職方典一千五百四十四卷 山川典三百二十卷 邊裔典一百四十卷 皇極典三百卷 宮闈典一百四十卷 官常典八百卷 家範典一百十六卷 交誼典一百二十卷 氏族典六百四十卷 人事典一百二十卷 閨媛典三百七十六卷 藝術典八百二十四卷 神異典三百二十卷 禽蟲典一百九十二卷 草木典三百

香港中張和盛印字館承刊

賴際熙太史批閱 1915 年香港大學漢文科史學門考試楊巽行答卷

楊巽行為早期修讀香港大學漢文科課程的學生之一。（此據香港大學圖書館藏羅香林教授拍攝之照片）

香港大學首屆畢業生合照

香港大學於 1912 年開設漢文科，林棟（二排右 2）與李景康（二排右 1）是首批修讀漢文科的其中兩名學生，他們於 1916 年香港大學首屆畢業典禮獲授文科學士學位。林棟於 1927 年中文系成立時，獲聘為首任翻譯講師。李景康則為香港漢文中學（後稱金文泰中學）創校校長，亦為推動香港大學成立中文學院的主要策劃人之一。李氏國學修養湛深，他與張虹合撰的《陽羨砂壺圖攷》，被公認為研究宜興紫砂茗壺的經典著述。

李景康等致傅秉常函

主要陳述經學的重要及香港中小學中文教育的課程設計。

（圖片由香港大學圖書館提供）

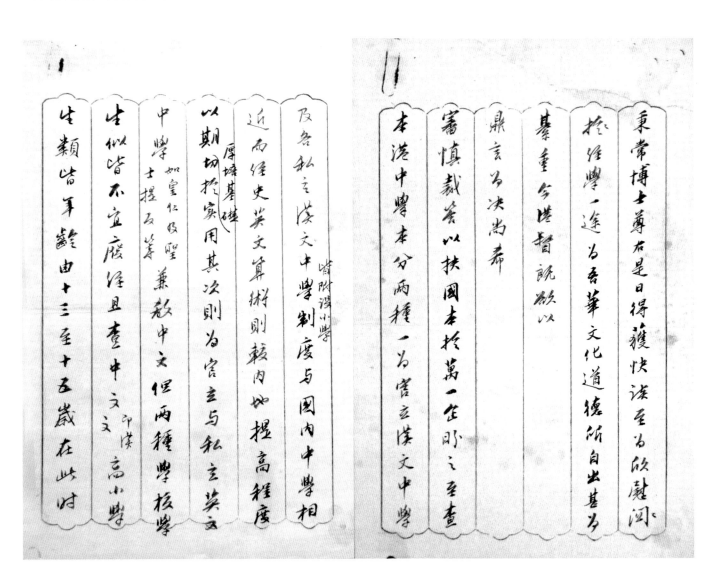

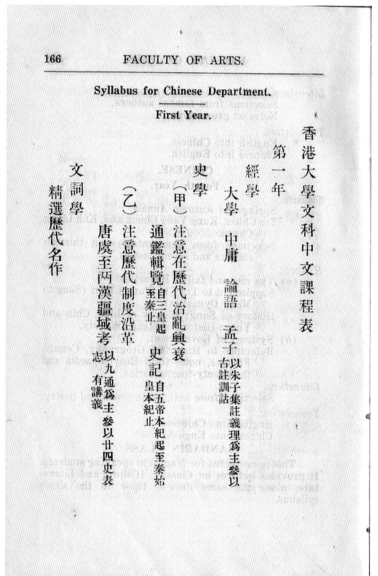
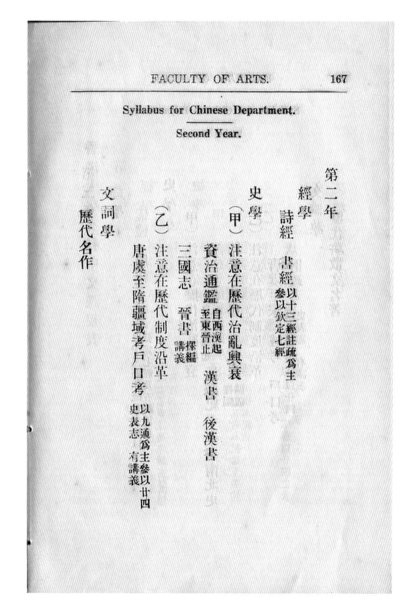

香港大學 1927 年度校曆所載中文系課程（一）

1927 年，中文系成立，香港大學校曆首次以中文列載課程。

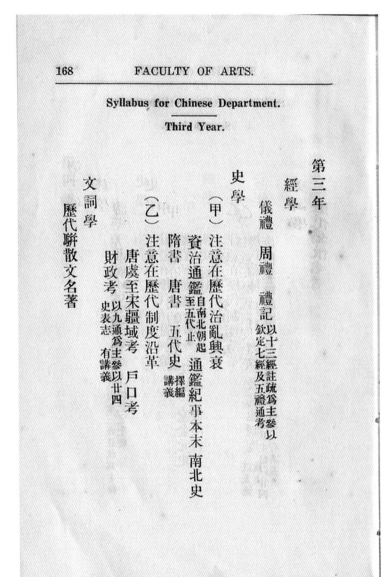

Syllabus for Chinese Department.

Third Year.

第三年

經學

儀禮　周禮　禮記　以十三經註疏爲主參以欽定七經及五禮通考

史學

（甲）注意在歷代治亂興衰

資治通鑑自南北朝起至五代止　通鑑紀事本末　南北史

隋書　唐書　五代史

擇編講義

（乙）注意在歷代制度沿革

唐虞至宋疆域考　戶口考　財政考　以九通爲主參以廿四史表志　有講義

文詞學

歷代駢散文名著

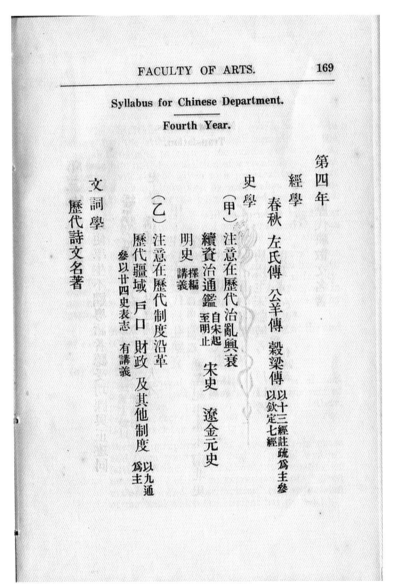

Syllabus for Chinese Department.

Fourth Year.

第四年

經學

春秋　左氏傳　公羊傳　穀梁傳　以十三經註疏爲主參以欽定七經

史學

（甲）注意在歷代治亂興衰

續資治通鑑自宋起至明止　宋史　遼金元史　明史

擇編講義

（乙）注意在歷代制度沿革

歷代疆域　戶口　財政　及其他制度　參以廿四史表志　有講義　以九通爲主

文詞學

歷代詩文名著

香港大學 1927 年度校曆所載中文系課程（二）

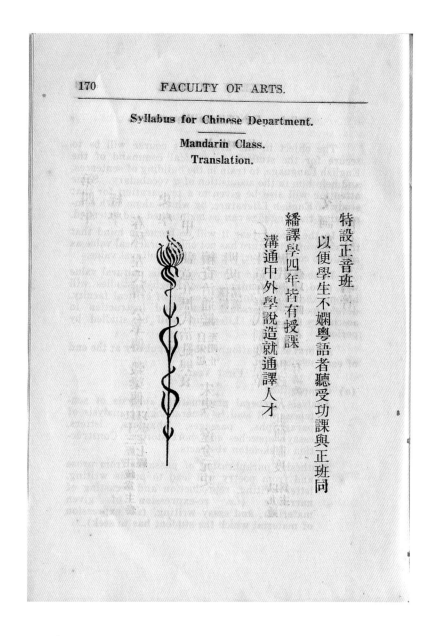

香港大學1927年度校曆所載中文系課程（三）

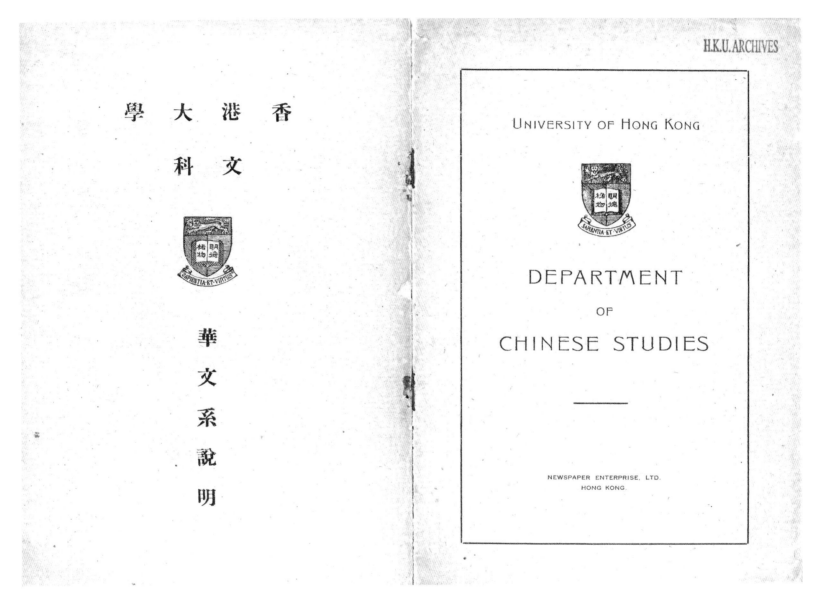

H.K.U. ARCHIVES

香 港 文 科 大 學

華 文 系 說 明

UNIVERSITY OF HONG KONG

DEPARTMENT
OF
CHINESE STUDIES

NEWSPAPER ENTERPRISE, LTD.
HONG KONG.

《香港大學文科華文系說明》（一）

1928 年，香港大學向社會各界募捐中文系經費，特編印《香港大學文科華文系說明》。

香港大學文科華文課程表

香港大學文科。共分五系如左。

第一　文字哲學系
第二　理化系
第三　社會學系
第四　師範系
第五　商學系

香港大學修例第十三則。規定文科須注重教授中國語言文學。著之憲章。班班可考。然四載以來。華文一科。僅見諸文字哲學系內第一二年課程。誠憾事也。今卽華文科定爲文字哲學系內畢業四學科內選科之一。其習普通師範系（對數理師範系而言者）亦得多習華文之機會。華文教習。有賴太史際熙區太史大典爲專席講師。有林棟君主任華英譯學。並設肄書一人。凡在文科科務會議席上。以管理華籍。又承倫敦教會威禮士牧師。撥冗相助。實備顧問之資。兼負傳譯之務焉。大學書樓華文。其關於提高中文地位者。

（一）

部。經別闢一室。載籍日增。都人君子。惠然肯來。匪其不逮。乃所願也。年內華文部之革新。原賴海外華人之贊助。如吉隆坡陳永及廖榮之兩君。檳榔嶼戴喜雲君之哲裔。其尤著焉者也。因數君之輪將。然後學生始克擇華文爲畢業學科。而譯學途爲華文常課之一焉。同時增設中國言語科。現習此科者。有理藩部分發香港官學生二人。及歐美多人。此時正從事於粵語。本科得威禮士牧師爲主任。政府又委前皇仁書院久任華文學監之宋學鴒君充專席教授。大學當局。現與香港總商會暨著名商行商訂適當時間。俾商業中人。得便宜就學焉。外人學習華文。莫善於一師一生。朝夕晤對。本科亦採此制。且益之以全堂教授。篝師咸經慎選歷練。教材。教法。亦由幸任監督而指導之。本科之用意。非徒授華文儲教師而已也。蓋將研究至善之法。以教授華文於各國人士。又將編纂完善教材。以備採用。顧茲事體大。或將合華文全部之心思才力以赴之。本科之成效。固大有造福乎久懸從事於中國之西人者矣。

（二）

《香港大學文科華文系說明》（二）

《香港大學文科華文系說明》載有〈香港大學文科華文課程表〉，於當時香港大學中文系概況及所需經費，均有扼要說明。據羅香林教授輯錄的《荔垞文存》附錄，知此文由賴際熙太史起草。

1930 年香港大學文學院師生合影

照片中任教中文系的老師：溫肅太史（前排左 4）、賴際熙太史（前排左 6）、區大典太史（前排右 4）、
宋學鵬老師（前排左 3，由皇仁書院借調，教授香港政府外籍士官粵語）。

鄧志昂中文學院

1928 年，港督金文泰爵士向馮平山、周壽臣、曹善允、羅旭龢等紳商表示：將請求立法局撥款，以發展大學中文專科，惟仍需各紳商呼籲各界助捐，以謀長遠規劃。於是李景康負責起草中文學院規劃，羅旭龢、馮平山、周壽臣等成立勸捐委員會。時鄧志昂承諾捐助中文專科院舍建築費六萬餘元。1931 年，鄧志昂中文學院落成。9 月 28 日，由港督貝璐爵士 (Sir William Peel) 主持揭幕禮，鄧志昂出席典禮，其子鄧肇堅代為致詞，概述學院興建原委。

茲院為港紳鄧君志昂義捐所
建取名為香港大學中文學院
蓋欲完成本大學學董扶植中
國文學之職責捐者之意并望
院中教授務以發揚中國文學
為主旨特表而出之於此

鄧志昂太平紳士銅像（上）
鄧志昂中文學院內記述興建旨趣的石碑（下）

香港大學鄧志昂中文學院（現稱鄧志昂樓）樓高三層，由建成至
1950 年代，主要供中文系授課用，後改作其他用途。1982－2012
年歸屬亞洲研究中心，1995 年獲香港古物古蹟辦事處列為法定
古蹟，現用作饒宗頤學術館。

區大典太史撰輯
《香港大學經學講義》書名頁

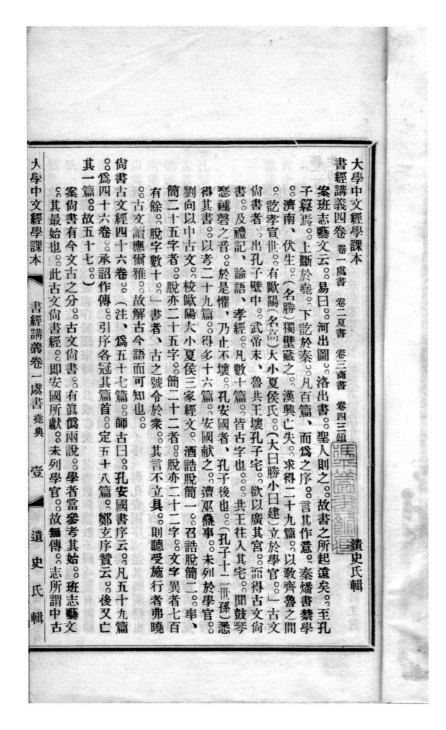

區大典太史撰輯《香港大學經學講義》
（又名《大學中文經學課本》）
《書經》部分正文首頁

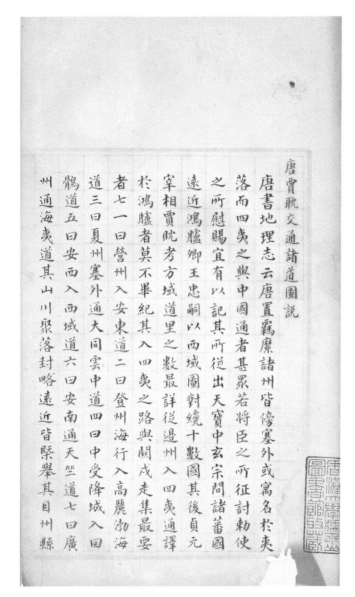

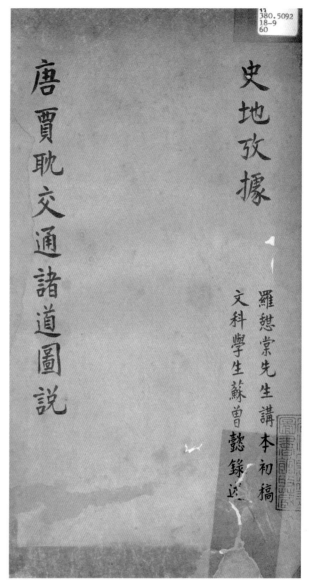

中文系 1935 年畢業生蘇曾懿所記羅憩棠先生演講稿

羅憩棠為清朝舉人，1932－1935 年間，受聘為中文系兼任講師。蘇曾懿為中文系 1935 年本科畢業生，是香港大學中文學會發起人之一。蘇氏於戰後重返港大中文系進修，1959 年獲文科碩士學位，論文由劉百閔老師指導。

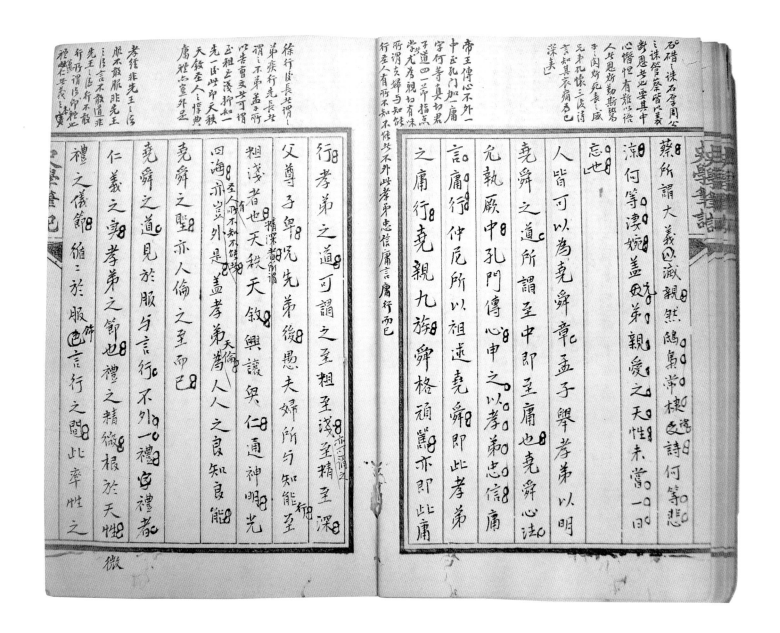

馮秉芬爵士（1911 － 2002）肄業香港大學中文學院時所寫筆記

馮秉芬爵士乃香港大學中文系首屆學生。1930 年，香港大學中文學會成立，馮爵士為學會首屆主席。

1930 年香港大學中文學會成立師生合影

前排左起：1. 林棟、2. 羅憩棠舉人、3. 溫肅太史、5. 馮平山先生、6. 曹善允博士、7. 中文學會主席馮秉芬、8. 周壽臣爵士、9. 香港大學校長康寧爵士、10. 中文學院主任賴際熙太史、11. 羅旭龢博士、12 區大典太史、13. 傅士德教授 (Professor Lancelot Forster)、15. 郭少鎏先生；

二排左起：4. 李幼成（委員）、6. 宋蕙芝（義務秘書）、11. 馮秉華（義務司庫）。

馮平山先生（1860 － 1931）肖像

馮平山先生是香港大學中文系早期主要贊助人之
一。1927 年，香港大學準備成立中文學院，向社
會紳商募捐經費，馮平山先生擔任勸捐委員會司
庫，其後又捐巨款興建專藏中文圖書的馮平山圖
書館。其公子馮秉華、馮秉芬 1927 年漢文中學
畢業，考入香港大學中文學院。

戴季陶先生應中文學會邀請演講

1931 年中文學會邀請國民政府考試院院長戴季陶先生作公開演講，圖為戴季陶先生與中文學院師生合照。

左起：1. 李棪、2. 譚益芳（1930 年畢業生）、3. 黃新彥博士、4. 馮秉華、5. 林棟老師、7. 香港大學校長康寧爵士、8. 戴季陶先生、9. 馮秉芬、11. 鍾學能（1930 年畢業生）、12. 宋蕙芝、16. 李幼成。

蔡元培先生應中文學會邀請演講

1931 年，曾任北京大學校長的中國著名教育家蔡元培先生應香港大學中文學會邀請，在香港大學大禮堂作公開演講。上照為蔡元培先生與中文系師生在本部大樓外合影。

第一排左起：1. 張經栢、3. 馮秉華、4. 黃新彥博士、5. 傅士德教授、7. 馮秉芬、8. 蔡元培先生、9.Professor W. Faid、11. 李棪、12. 林棟老師、13. 李幼成、14. 陸錦榮；

第二排左起：1. 王鶴年、4. 劉國蓁先生（馮平山圖書館管理員）、5. 賴高年、8. 蘇曾懿、9. 梁毅德、10. 賴寶勤、11. 鍾學能、12. 譚益芳（本照片原保存者）、13. 羅乃居；後排左起：2. 梅秉林、4. 鮑觀達。

King's House,
Kuala Lumpur.

23rd January, 1932.

I have learned, with great pleasure, that
the School of Chinese Studies, in the University
of Hong Kong, is making good progress, and
that, as a result, a Chinese Society has been
formed in the University, which, in order to
get into better contact with the public and to
further the investigation of Chinese Studies,
proposes to publish a Chinese Journal. I am
convinced that the School of Chinese Studies
is of the greatest importance, not only to
the University, but also to the Colony of Hong
Kong, and I wish the School, the Society and
its Journal all possible success.

《中文學會輯識》卷首刊載前港督金文泰爵士寄自吉隆坡的賀函

香港大學中文學會出版的第一種學術刊物《中文學會輯識》於 1933 年面世，封面由羅振玉題簽。

馮平山圖書館舊貌

馮平山先生資助興建馮平山圖書館，1932年末啟用，底層開放予公眾，上層供大學師生閱覽專用。1953年，為配合中文系課程發展，特於圖書館增設中國藝術及考古學陳列所。1961年，大學圖書館落成，馮平山圖書館藏書全移往大學圖書館，馮平山樓改用作展覽之用，命名為馮平山中國藝術博物館，於1964年初向外開放。1996年，由徐展堂先生贊助興建的徐展堂樓落成，最底三層用作博物館展覽廳，與馮平山舊館合稱香港大學美術博物館。

1932年12月15日《香港中興報》報道
香港大學馮平山圖書館開幕盛況

第一張第四頁　　　星期四　　　香港中興報　　　中華民國二十一年十二月十五日

華美洋服

本港新聞

香港大學馮平山圖書館開幕盛況

港督貝璐主禮……中西仕紳到者數百人……該館共需建築費十七萬元……為近代最新之式樣……可藏書十萬冊……公開展覽……將為學者之樂園

（本報專訊）中華民國二十一年十二月十四日，香港大學堂馮平山圖書館開幕，主禮者香港貝璐爵士，館長裴來氏主席，斥金建築者為故港商紳馮平山也，因以名焉。初斥資十萬金，今合趕築需費十七萬餘元，其規模之大，設備之善，為本港各學校圖書館之冠……

馮乗華演詞

先用英語演畢，後用漢語……

西南中學
請王雲五到校演講

李濟深擬
囘桂省辦農業

御寒取暖有生窩

德國白毒藥王抵港
攻毒雷

淋濁唯一聖藥
（本港代理）梁國英藥房

副監督演詞

香港大學馮平山圖書館

早期馮平山圖書館底層書庫

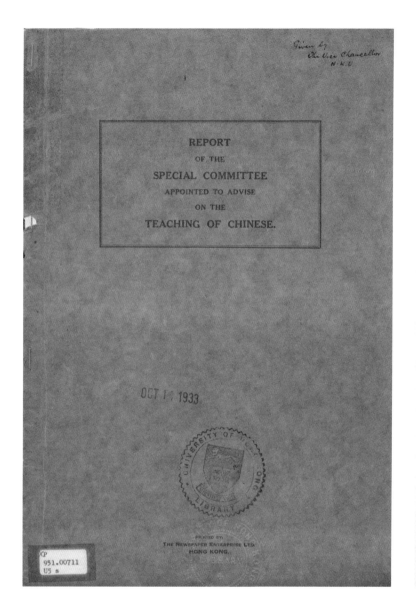

REPORT

OF THE

SPECIAL COMMITTEE

APPOINTED TO ADVISE

ON THE

TEACHING OF CHINESE.

OCT 1 1933

PRINTED BY
THE NEWSPAPER ENTERPRISE LTD.
HONG KONG.

X. Conclusions.

64. In conclusion the recommendations of the Committee may be summarised as follows :—

(1) That the right policy for the University to adopt is to confine its teaching of Chinese to those students who have passed the Matriculation examination and that the basis of such teaching should be suitable and adequate courses of Chinese to be prescribed by the Board of the Faculty of Arts and the Senate to form part of that Faculty's groups of studies, leading to the degree of Bachelor of Arts.

(2) That the School of Chinese Studies as at present constituted should be discontinued, due provision being made for students at present in the School.

(3) That in pursuance of the above recommendations the Board of the Faculty of Arts and the Senate should be asked to consider

(a) the institution of a new group of Chinese studies on the lines suggested for a possible Group 6, to be added to the groups of studies already provided in the Faculty of Arts, and

(b) the possible institution of a further additional group on the lines suggested in paragraph 56 of this report.

(4) That the Board of the Faculty of Arts and the Senate of the University should be asked to consider favourably the adoption of a modified matriculation test on the lines advocated for those Chinese students who wish to take up such new groups of studies which may be prescribed in the Faculty of Arts as involve a special and continuous study of Chinese, it being clearly specified that such students will not be eligible to enter any other group of studies in the Faculty, but that a candidate who had passed the normal matriculation shall not be debarred from taking the special Chinese course.

(5) That the provision in the Faculty of Arts of opportunities for the post-graduate study of Chinese and of special prizes for the encouragement of higher Chinese study by under-graduates should be recognized as desirable.

(6) That the ultimate aim of the University should be to adopt Kwok Yu as the medium of such instruction for Chinese studies at the University as has to be given in Chinese and that the Government of Hong Kong should be asked to take such steps as will encourage the study of Kwok Yu in the educational institutions of the Colony.

(7) That the University authorities should decide what staff will be required to teach such Chinese courses in the Faculty of Arts as those authorities may decide to provide and that in considering this matter the recommendations contained in the body of this report should be duly examined.

65. We regret the delay which the occurred in the preparation of this report. It would not have been satisfactory had the Committee initiated its inquiry during the University long vacation when some of the University representatives were away and the Vice-Chancellor had to pay monthly visits to Nanking. In September the Vice-Chancellor had to go away to recover from an illness and he did not get back to Hong Kong until the beginning of November.

13

1932 年香港大學中文教學發展報告（一名《修頓報告書》）

1931 年 4 月 27 日，香港大學諮議會 (University Court) 成立特別委員會，就當時大學的中文教學情況及未來的發展提出建議，由輔政司 (Colonial Secretary) 修頓 (Wilfred Thomas Southorn) 擔任委員會主席。1932 年 3 月 11 日完成報告。報告書建議大學解散當時的中文學院，成立適應新時代的中文學系。

馮秉華 1933 年香港大學中文學院畢業證書

馮秉華為馮平山圖書館捐建者馮平山先生哲嗣、香港大學中文學院首屆畢業生及港大中文學會發起人。

香港大學於 1927 年成立中文系，復經一年籌備，於 1929 年設立中文學院。馮秉華於 1928 年獲港大文學院取錄，次年肄業於新成立之中文學院，1932 年卒業。1932 年末，大學為配合時代，重新規劃中文教學，遂結束中文學院，故照片所示馮秉華中文學院畢業證書，極可能是早期港大中文學院僅曾頒發一屆之畢業證書。

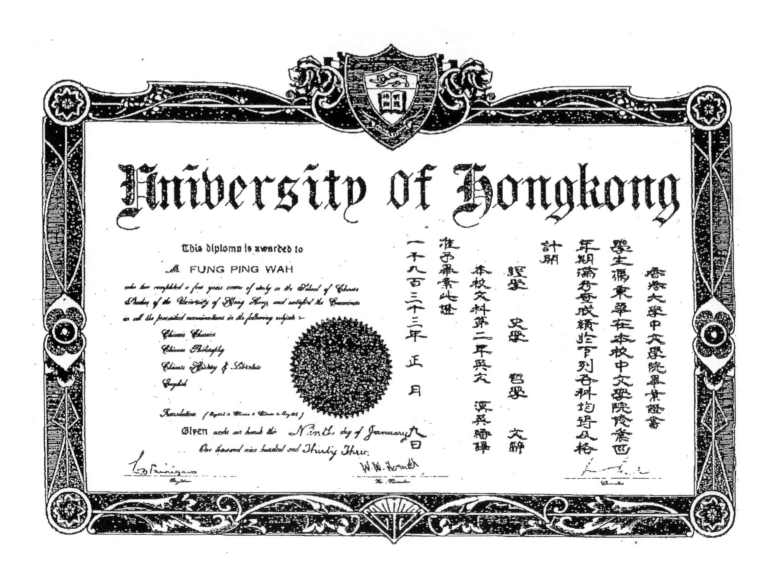

WONG WING CHEUNG   November 1929   December 1933   B. Sc

GRACE CHAN (MISS)   November 1929   December 1933   B.A.

CHAN SHU FATT   November 1928   December 1933   B.A.

CHEUNG SHIU TONG   December 1927   December 1933   B.A.

CHEUNG SHUI LING   November 1928   December 1933   B.A.

FUNG PING WAH   December 1927   December 1933   B.A.

HO SIU HING (MISS)   November 1928   December 1933   B.A.

WALTER ALEXANDER HUNT   November 1928   December 1933   B.A.

IP KUN IM   November 1924   December 1933   B.A.

LAI PO KAN (MISS)   November 1929   December 1933   B.A.

LI FUK FAI   November 1928   December 1933   B.A.

LI YAU SING   December 1927   December 1933   B.A.

LIN CHIH KWANG   November 1929   December 1933   B.A.

馮秉華於香港大學畢業生名冊上的簽署

1933 年末，馮秉華通過香港大學文科學士考核，始獲頒授文學士學位。可知早期港大中文學院按學院所訂修業章程頒授的畢業證書，與大學頒授的學位有所區別。

許地山教授（1893 － 1941）

1935 年，香港大學敦聘許地山先生為文學院中文教授，寄予發展
香港大學中文教育重任。

香港大學今晨開會

討論改組中文部事

許地山教授將出席

港大力謀提高學生中文程度

名著作家許地山氏、南來任香港大學教授職後、以港大之「中文部」有改組之必要、乃特草將「中文部」改為「中國文史學系」之計劃書、交港大副校長韓尼路察核、記者昨查悉香港大學為討論改組中文部事、已定今晨十時、由韓尼路召集會議、其計劃為「港大中文部」於改為「中國文史學系」後、可將該國文史學系」分為四部、(即普通文學部、文學部、歷史部、與哲學部)又查港大中文部之目下情形、係由許地山碩士任教授、區太史任經學講師、羅蕙棠舉人任歷史講師、崔百越秀才任國文講師、陳君葆任繹講師、學生則祇得數人、關於中國問題之英本書籍頗豐、然中文本之藏書、則異常缺乏、兄弟將要求港大當局指撥欵項專為購藏書籍之用、俾學生方面、可有巨量之參考書籍而得助益云、同時學生方面、可有

現港大當局擬聘請北大教授陳受宜、或燕京大學教授授陸侃如到港任講師、以求對于中國文史方面之改善、至於許地山教授在港大之任期、業已決定為三年、許氏對記者談話、謂港大學生之中文程度、雖尚不佳、但並未達至一般水準、大約一兩年後、當可趕上一般水準、關於中文藏書方面、期未滿職、屆時各講師留任與否、將有多少變動、亦是教授方面之參考書籍而得益云、（新亞社）

《華僑日報》刊登許地山教授改組香港大學中文教學部門的報道

1935 年 10 月 14 日《華僑日報》報道許地山教授提出將原中文教學部門改組為「中國文史學系」。

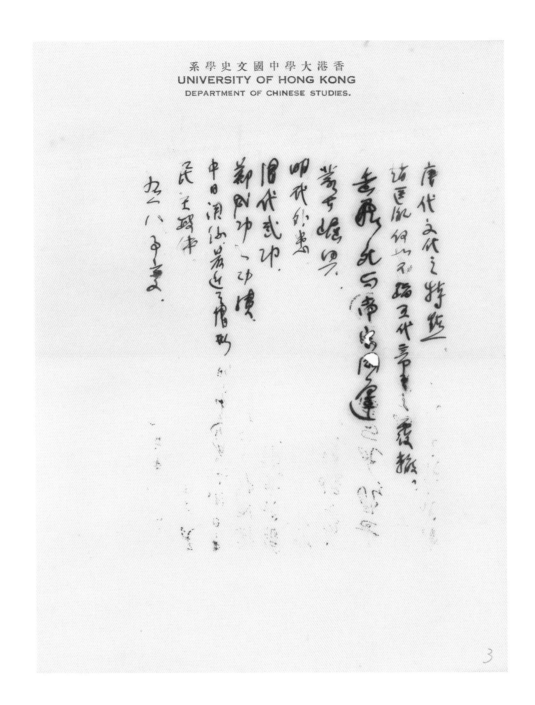

許地山教授手書中國歷史講授課題

香港大學 1937 – 1938 年度校曆所載文學院中文課程（一）

許地山教授規劃的香港大學中文課程，文、史、哲並重，此傳統一直延續至今。

and their isomerism. Hydroxy acids and lactones. Ketonic acids and di-ketones. The purine group. Carbohydrates.

Carbocyclic compounds.—Aromatic hydrocarbons and their derivatives. Azo dyes. Triphenylmethane dyes and other colouring matters. Terpenes and camphor.

Heterocyclic compounds.—Furfuran, thiophen, pyrrol and their allied compounds. Pyridine, quinoline and their derivatives. Alkaloids.

In addition the following subjects will be dealt with during the course.

Stereoisomerism of carbon compounds and nitrogen compounds. Tautomerism. Laws of substitution.

LABORATORY WORK.

Laboratory Work.

Exercises in practical physical chemistry.

Quantitative analysis of a number of minerals.

Quantitative estimations of the elements in organic compounds.

Quantitative determination of organic radicles.

The preparation of certain organic compounds and the study of their reactions and properties.

Fourth Year.

(1.)—The more important synthetical methods in general use in Organic Chemistry, and the methods employed in determining the constitution of complex organic compounds.

(2.)—The application of the principles of thermo-dynamics to the study of chemical equilibrium.

(3.)—The salient features of chemical history.

(4.)—The study of some of the more important problems engaging the attention of chemists at the present time.

LABORATORY WORK.

The nature of the practical work in the fourth year will be adapted to the needs of the individual student, as far as the resources of the department will permit.

DETAILED SYLLABUS OF CHINESE STUDIES.

GROUP VI.

First Year.

Chinese Language and Literature (中國文學).

  (a) Selections from the best authors of the Period from the Fourteenth Century to the Present Day. (明清及現代文).

  (b) Chinese Grammar (中國文典).

  (c) Composition (作文).

Translation and Comparison (繙譯).

Second Year.

Chinese Language and Literature (中國文學).

  (a) Selections from the best authors of the Period from the Seventh to the Fourteenth Century, A.D. (Tang—Yuan) (唐宋元文).

  (b) Chinese Drama and Novel (中國詞曲小說).

  (c) Composition (作文).

Translation and Comparison (繙譯).

Third Year.

Chinese Language and Literature (中國文學).

  (a) Selections from the best authors of the Period from the Second Century B.C. to the Sixth Century A.D. (Han to Sui) (兩漢六朝文).

  (b) Chinese Poetry and Prose (詩賦駢文).

  (c) History of Chinese Literature (中國文學史).

  (d) Composition (作文).

Chinese Philology, or

Chinese History (中國文字學或中國通史).

Translation and Comparison (繙譯).

Fourth Year.

Chinese Language and Literature (中國文學).

香港大學 1937 － 1938 年度校曆所載文學院中文課程（二）

    (*a*) Ch'in and Pre-Ch'in Literature (先秦文).

    (*b*) Chinese Literary Criticisms (文學批評).

Chinese Philosophy (中國哲學概論).

Translation and Comparison (繙譯).

DETAILED SYLLABUS OF CHINESE STUDIES.

GROUP VII.

First Year.

Chinese History (中國史).

    (*a*) General History of China (中國通史).

    (*b*) Exercises in Composition (論文).

Studies of Chinese Historical Writings (史乘通讀).

Translation and Comparison (繙譯).

Second Year.

Chinese History (中國史).

    (*a*) Ancient Chinese History and Archaeology
      (上古史與古物學).

    (*b*) Exercises in Composition (論文).

Translation and Comparison (繙譯).

Third Year.

Chinese History (中國史).

    (*a*) Mediaeval Chinese History (中古史).

    (*b*) Exercises in Composition (論文).

Historical Method (歷史方法).

Cultural History of China (中國文化史).

Translation and Comparison (繙譯).

Fourth Year.

Chinese History (中國史).

    (*a*) Modern Chinese History (中國近代史).

    (*b*) History of Communications between China and
      the West (中西交通史).

    (*c*) Religious History of China (中國宗教史).

    (*d*) Social History of China (中國社會史).

Historical Method (歷史方法).

Chinese Philosophy (中國哲學概論).

Translation and Comparison (繙譯).

DETAILED SYLLABUS OF CHINESE STUDIES.

GROUP VIII.

First Year.

Chinese Philosophy (中國哲學).

    (*a*) Outline of Chinese Philosophy (中國哲學概論).

    (*b*) Chinese Philosophy (中國哲學).

    (*c*) Exercises in Composition (論文).

Chinese History

    General History of China (中國通史).

Translation and Comparison (繙譯).

Second Year.

Chinese Philosophy (中國哲學).

    (*a*) History of Buddhist Thought (佛教思想史).

    (*b*) Exercises in Composition (論文).

Translation and Comparison (繙譯).

Third Year.

Chinese Philosophy (中國哲學).

    (*a*) The Early Masters (先秦諸子研究).

    (*b*) History of Taoism (道教思想史).

    (*c*) Chinese Moral Philosophy (中國倫理學).

    (*d*) Exercises in Composition (論文).

Translation and Comparison (繙譯).

香港大學 1937 － 1938 年度校曆所載文學院中文課程（三）

Fourth Year.

Readings in Chinese Philosophical Treatises (中國哲學論著選擇研究).

(a) Buddhist Canon (佛藏).

(b) Taoist Canon (道藏).

(c) Philosophical Writings from Han to T'ang (漢唐諸家思想).

(d) Philosophical Writings from Sung to Ming (宋明思想).

(e) Philosophical Writings from Ching to the Present Day (清及近代思想).

Translation and Comparison (繙譯).

CHINESE.

DETAILED SYLLABUS OF CHINESE STUDIES.

For Groups Other Than VI, VII & VIII.

First Year.

(A) GROUPS I & IV c.

Chinese Language and Literature, and Translation.

(a) Selections from the best authors of the Period from the 14th Century to the Present Day (明清及現代文).

(b) Chinese Grammar (中國文典).

(c) Composition (作文).

(d) *Translation* (繙譯).

(B) GROUPS III & V.

Chinese Language and Literature, and Translation.

(a) Literary Chinese (美文).

(b) Practical Chinese (應用文).

(c) Chinese Grammar (中國文典).

(d) Composition (作文).

(e) *Translation* (繙譯)

Second Year.

(A) GROUPS I & IV c.

Chinese Language and Literature, and Translation.

(a) Selections from the best authors of the Period from the Seventh to the Fourteenth Century A.D. i.e. from Tang to Yuan (唐宋元文).

(b) Chinese Drama and Novel (中國詞曲小說).

(c) Composition (作文).

(d) *Translation* (繙譯).

(B) GROUPS III & V.

Chinese Language and Literature, and Translation.

(a) Literary Chinese (美文).

(b) Practical Chinese (應用文).

(c) Composition (作文).

(d) *Translation* (繙譯)

Third Year.

(A) GROUP I only.

Either Chinese Language and Literature, and Translation.

(a) Selections from the best authors of the Period from the Second Century B.C. to the Sixth Century A.D., i.e. Han to Sui (兩漢六朝文).

1938 年香港大學中文系師生合影

前排左起：4. 陳君葆老師、7. 馬鑑老師、8. 許地山教授、10. 李衍錡；

後排左起：1. 徐家祥、6. 賴恬昌、9. 金應熙。

1939 年 10 月中文學會合照

前排左起：1. 金應熙、3. 李衍錡、4. 馬鑑老師、5. 祁祖堯神父 (Rev. Gerard Huge Casey, S. J.)、6. 陳君葆老師；

後排左起：3. 劉殿爵、4. 徐家祥、6. 賴恬昌、12. 伍冬瓊。

《廣東文物展覽會目錄》列載的籌備委員會名錄

1940 年 2 月，中國文化協進會假馮平山圖書館舉行「廣東文物展覽會」。香港大學中文系許地山教授、陳君葆老師及首屆畢業生李景康校長均出任展覽會執行委員。

廣東文物展覽會出品目錄

一、會　期：由中華民國二十九年二月二十二日起至二十六日止一連五天

二、時　間：每日上午十一時起至下午六時止

三、為引社會人士研究廣東文物興趣起見不設入場券

四、入場參觀須遵守左列規則

　一、參觀時須照規定之路線出入

　二、陳列品不得動手檢視

　三、陳列室內禁止攝影（如得出品人許可不在此例）吸煙吐痰嘩笑奔走

　四、如損壞場內任何器物不論有意無意須一律負責賠償

　五、幼童及衣履不齊整者不得參觀

職員台銜

執行委員

主任委員葉恭綽　　研究組主任簡又文　　宣傳組主任許地山　　出版組主任陸丹林

八

職員台銜

保管組主任陳君葆

總務組主任黃般若　　徵集組主任鄧爾雅　　編目組主任李景康　陳列組主任潘　熙

籌備委員

黃子靜　黃詠雩　何冠五　關春草　馬武仲　羅原覺　歐陽駒　孫仲瑛　高劍父　李滄萍

慧因　黃慈博　陳卉曾　周文治　陳子昭　李仙根　張之英　香翰屏　陳伯任　陳公哲

梁效鈞　阮季湖　黃繩曾　黃福鑾　王秋湄　冼玉清　莫天一　石戠謙　王雲五

鄭健廬　鄭洪年　葉次周　鄧仲果　李耀漢　胡毅生　馮自由　鄧秋枚　梁孝郁　陸匡文

馮己千　何犖　張君華　陳策　江茂森　黃季逢　潘蘭泉　梁顯利　凌麗甫　俞鴻鈞

吳子祥　莫幹生　唐天如　黃仲琴　朱念慈　張惠長　陳大年　呂志維　徐信符　楊成志

林子豐　陳良猷　孫家哲　龍思鶴　陳運彰　易大厂　周朗山　張榮翠　吳耀西　何星儔

蔡淵若　何夢樓　鄧召蔭　林伯聰　梁少東　尹耀聲　李亦梅　蘇次嚴　簡敏軒　鄒靜存

胡伯孝　區芳浦　羅惠良　莫鶴鳴　湯國貞　傅秉常　霍廣河　李朗如　何季泉　梁彥明

俞叔文　高寶森　李景宗

九

1940 年中文系師生合照

前排左起：1.陳君葆老師、2.馬鑑老師、5.許地山教授、6.李衍鎬；後排左起：1.劉殿爵、2.金應熙、3.賴恬昌。

《追悼許地山先生紀念特刊》封面

1941 年 8 月 4 日，許地山教授逝世。香港大學中文學會、中英文化協會香港分會、中華全國文藝界協會香港分會、燕京大學同學會、國立北平圖書館等四十個組織發起，於 1941 年 9 月 21 日下午假加路連山孔聖堂舉行「全港文化界追悼許地山先生大會」，並出版《追悼許地山先生紀念特刊》。上圖為特刊封面。

悼許地山師

金應熙

地山先生逝世後的第四天，我囘到了先生在中文學院的課室。

先生的坐椅空着，門戶掩着，窗外的繁花，先生曾經指點著告訴我牠們底名字的，還是一般的盛開；南英先生手書的瀟湖墨約，先生曾跟我解說牠底意義的，依然掛在壁上；未寫完的文字等候着完成，未開的信件等候着拆閱；然而，我們的先生呢？他已經得到永恆的安息，他是永永不曾囘來的了。

我最後一次在這課室裏見到先生，是在今年快放暑假的時候。先生發還我的課卷，和我討論一年內所作的功課，並且告訴我：暑假應當多讀點書。先生那天說話很多精神也很好，我總以爲以後還多着聽先生講書的日子，那裏知道：他竟去得這般快呢？早知這樣，我就應該把先生當日所說的每一句話，盡情記取了。

我環望室中。一切的東西都在默默地訴說着同一的故事——先生怎樣獻身教育，和死亡奮鬥的故事。即使學生們自己疏懈，他却還是那樣認眞。這些工作，不知耗去了他多少時間和精神。

這故事的意義是深長的。

從最近幾年來，先生在港大担任的課程，每週總在二十小時以上。所講授的科目有十多個。只要是對同學們的進修有幫助的功課，他總不惜減少自己休息必要的時間，騰出工夫來講授的。一年級的同學聽不懂國語，他來担任補習，一二位同學幾乎好奇地要學一點梵文，他特意在下午趕囘來教授。你開口要跟他讀那一門功課，他從不推辭。這種爲大衆的利益打衝鋒的工作，暗地威脅着他的健康，他也知道，可是他還是這樣做下去，不肯放鬆，他的天性就是喜歡幫助人，爲了學生，他不惜犧牲自己！

二十多個鐘頭的課程，在馬虎一點的敎師，也許對付還不很難，但先生却是最恨敷衍了事的。他對每一課都認眞。有幾次我到中文學院上課，比預定上課的時間早，已經看見先生在課室裏預備，翻抄上課時需用的參考書藉了。在上課的時間，有時偶爾遇着一二個意義不明的詞，先生也從來不肯放過，總要找到解釋才休的。

許地山教授就聘請陳寅恪教授任教事致港大校長函

史學大師陳寅恪教授於 1940 年抵港，原擬轉赴英國出任牛津大學教授，因歐戰滯留。

許地山教授為延聘陳寅恪教授出任中文系客座教授，特去信校長，說明陳氏履歷及擬開設課程。

1941 年許地山教授去世後，陳寅恪繼任系主任，直至 1942 年逃離日佔香港為止。

（圖片由香港大學檔案中心提供）

系學史文國中學大港香
UNIVERSITY OF HONG KONG
DEPARTMENT OF CHINESE STUDIES.

28th. August, 1940.

Vice Chancellor,

In connection with the proposed appointment of Prof. Tschen Yin-koh as a visiting professor in this University, I beg to furnish the following particulars:

Prof. Tschen Yin-koh （陳寅恪）
b. July 3, 1890.
Native of I-ning county, Kiangsi Province.
Graduates School, Harvard University and Berlin University.
Since 1927, Professor of Chinese and History, Tsing Hwa University.
Research Fellow and Head of Historical Department, Institute of History and Philology, Academia Sinica.
Member of the National Council of Higher Learning, Academia Sinica.
Prize Winner, China Foundation.
His written works:-
  1) Origin and Development of the Political Institutions of Sui and Tang.
  2) A Critical Study of "Tsin Fu Yin", a Tang poem about a refugee woman from the Tsin, i.e. Shen-si Province.
  3) Numerous other historical essays appearing from time to time in the Bulletins of the Institute of History and Philology, Academia Sinica, and in the Tsing Hwa Journal.
  4) Various Contributions (in English) to the Harvard Journal of Asiatic Studies.
  5) Articles (in Japanese) appearing in the Bulletin of Oriental Studies, published by the Societas in Memoriam Wangkwowei.

In regard to a course of lectures while he is here, I suggest the following:-
  1. History of the Tang Dynasty, with special relation to the Poetry of the Middle and the Later Tang Period and its historical and social background. A series of about 20 weekly lectures or more delivered in Chinese say at 4 to 5 p.m. on a week-day to be fixed later on.
  2. A Seminary course of 4 monthly professional talks of say 2 hours each. Explanation, if required, might be given in English.
  Nov. A Study of the Poem: 'Tsin Fu Yin".
  Dec. Empress Wu Tse-tein and Buddhism.

系學史文國中學大港香
UNIVERSITY OF HONG KONG
DEPARTMENT OF CHINESE STUDIES.

- 2 -

Jan. 'Huai Chen Chi' the short story by Yuan Chen.
Feb. Taoism in the 'Six Dynasties".

Yours sincerely,

Hsü Ti Shan

Professor of Chinese.

HTS:L

陳寅恪教授致潘公展先生函札

陳寅恪教授逗留香港期間，曾去信國民黨中央宣傳部要員潘公展先生，建議其主編之《中國歷代名賢故事集》收錄唐太宗傳，並推薦由陳氏在清華大學歷史系任教時期的學生羅香林先生執筆。

（圖片由香港大學圖書館提供）

1941 年 10 月香港大學文學院中文系師生合影

前排左起：2. 陳君葆老師、4. 祁祖堯神父、6. 陳寅恪教授、7. 文學院院長傅士德教授、8. 馬鑑老師、

　　　　9. 徐家祥、11. 李衍錡、12. 伍冬瓊；

後排左起：2. 金應熙、10. 周天榮、14. 賴恬昌、15. 劉殿爵。

Univ. No. .... Name EILEEN CHANG 張愛玲 ....

BIRTH: Place. Shanghai .... Date, 19/9/1920 Nationality. Chinese ....

Parent or Guardian Mr. K.D. Li Miss Yvonne Whang

Home Address 51 Eddington House, 195 Hart Road, Shangha

Local Guardian Mr. K.D. Li

Address of same c/o Arnold Co., Holland Building, Hongkon

Previous Education St. Mary's Hall (Stamped ph

Matric. Exam. (of equivalent) London Matriculation, January/1939

Equivalent..............

Registered............29/8/1939 Hall Our Lady's

Scholarships..............

Degree Examinations............First / /19 . Second / 19 .

Third / /19 . Fourth / 19 .

Graduation................../ 19

Dean's comments and Signature

Subsequent career.

張愛玲肆業港大期間成績表（一）

張愛玲於 1939 年獲獎學金，準備入讀倫敦大學，因
歐戰改入香港大學文學院，至 1942 年因日軍佔領香
港而中斷學業。有謂其譜寫香港傳奇的小説《茉莉
花下》中的華南大學與言子夜，即隱寓香港大學與
恩師許地山教授。

（圖片由香港大學檔案中心提供）

張愛玲肄業港大期間成績表（二）

成績表顯示張愛玲曾修讀中國文學、翻譯等課程。

（圖片由香港大學檔案中心提供）

ANNUAL REPORT 1939~40 , FACULTY OF ARTS. Univ. No. 3

Name EILEEN CHANG 張愛玲 Hall Our Lady's

Department Group A

Year 1	Subjects	Attendance			Examinations		Class and Lab. Work	Remarks
		1st.	2nd.	3rd.	Midsessional	Degree		
					Jan.1940.	May 1940.		
English		97	97		70.2P	65P		
History		97	97		82P	80P		
Chinese:	Tran.	96	96		79P)	78P		
	Lit.	96	96		85P)			
Logic or Pure Mathematics		98	98		85P	79P		

Name
C.-Certified by Warden.   (Signed)
Dean

Year 2	Subjects	Attendance			Examinations		Supplementary	Remarks
		1st.	2nd.	3rd.	Midsessional	Degree		
					Jan.1941.	May,1941.		Group A
					========	========		======
English		94	98		89P	88P		
History		100	98		90P	88P		
Psychology		96	96		63P	51P		
Chinese:Lit.		95	94		) 92P	69P		
Tran.		91			)			

Name   Miss Eileen Chang.

(Signed)
Dean

影合員人務服劇一「會雙奇」演義

季明先生惠存

香港大學中文學會敬贈 三十年三月廿二日

「奇雙會」演員及工作人員與馬鑑教授合照

1941年馬鑑教授與港大中文學會參與「奇雙會」義演的演員及工作人員合照，照片背後有各演員及工作人員的簽名。

前排中坐者為馬鑑教授，後排為參與演出的中文學會同學，左起：4. 劉殿爵、7. 伍冬瓊、11. 周天榮、12. 徐家祥。

馬鑑教授與香港大學學生會幹事合影

1948 年 4 月，馬鑑教授與香港大學學生會幹事合影，照片背後有馬教授的親筆題記。馬鑑教授於 1942 年日軍佔領香港後，離港赴成都燕京大學任教。香港重光後，馬教授於 1946 年返港，並於香港大學復課後，出任中文系主任。

前排左起：2. 李宏輝、3. 馬鑑教授、4. Rei Oblitas（後為大學堂首任舍監）、5. 王澤長（後為香港立法、行政兩局議員）。

呂壽琨

馬鑑教授與中文系同學郊遊合照

1950 年，馬鑑教授（後排左 4）及陳君葆老師（後排左 3）與中文系同學郊遊，合照於青山禪院。

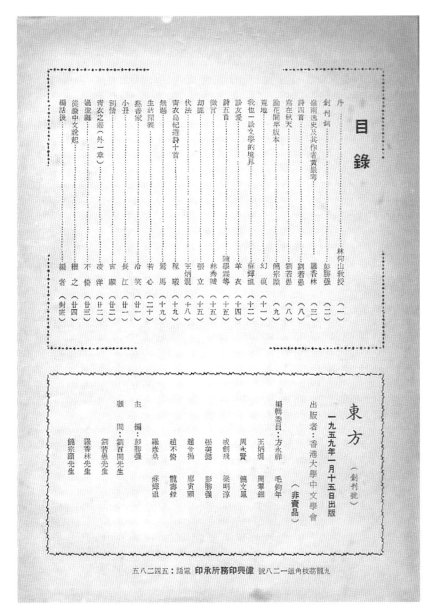

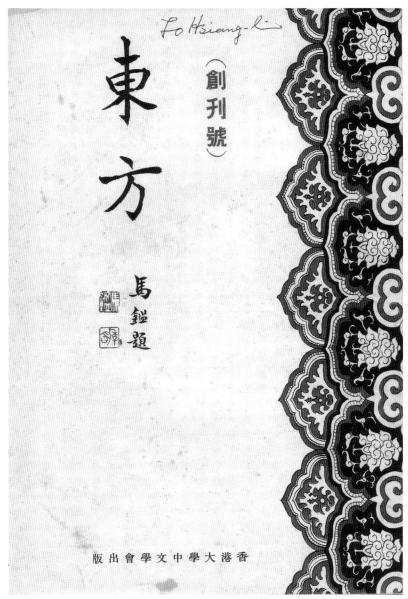

《東方》創刊號目錄

創刊號刊載羅香林老師、劉若愚先生、饒宗頤老師、陳學霖等人的作品。毛鈞年、趙令揚、蘇輝祖等任編輯委員。

《東方》創刊號封面

《東方》為香港大學中文學會出版的中文刊物，1959 年 1 月 15 日創刊，封面由馬鑑教授題簽。此冊原為羅香林教授所藏，上有羅教授的英文簽名。

仿宋刻太平御覽敘

太平御覽一書成于太平興國八年北宋初古籍未亡其所引秦漢以來之書多至一千六百九十餘種考

其書傳于今者十不存二三焉然則存秦漢以來佚書千餘種矣洵宇宙間不可少之古籍

也借世所行者自明人刻本外鮮有善冊吳門黃堯圃主事有刊本三百六十六卷乃前明文淵閣朱刻殘

本又五百廿卷亦依宋鈔所抄其餘鈔卷並從各家舊抄過錄予乙丑丙寅間在雷塘庵取明黃正色本屬

友人密加謄校知黃本顛倒脫落至不可讀與明活字板相似其偏旁之訛更無論矣且彼本妄據彼時流

傳經籍憑臆擅改故不知古書文義深奧與後世判然不同淺學者見爲誤而改之不知所改者反誤矣或其

間實有宋本脫誤者但使改動一字卽不能存宋本之真不能見重于後世故余所謄校者以全依宋本不

改一字爲主今鮑君崇城此刻又皆全依余所校者付梓且精校再三不滋舛脫足使藝林俾使後世委心

古籍古人皆籍是更垂不朽矣

嘉慶十七年歲次壬申十一月揚州阮元序于淮安督署

香港大學
中文學會惠存
一九五一年十一月一日馬鑑敬贈

太平御覽／文

一

馬鑑教授贈中文學會《太平御覽》題署頁

馬鑑教授榮休後贈送中文學會的一套《太平御覽》，第一冊卷首有馬教授題署，書眉所蓋「馬氏老學齋劫餘文物」方印，是馬教授1946年光復後返港時所刻，用來蓋在他淪陷時期留於香港的倖存圖籍上。這套書目前仍由中文學會珍藏。

馬鑑教授榮休歡送會

1950 年 2 月 15 日下午，香港大學中文學會假余東璇運動場（Eu Tong Sen Gymnasium）舉行歡送馬鑑教授榮休大會。圖中中立致辭者為馬鑑教授，右 2 為陳君葆老師，左 3 為香港大學教務長 B. Mellor，左 5 為中文學會主席龐德新。歡送會舉行場地余東璇運動場於 1936 年建成，位於現時圖書館與中山階一帶。

賀光中老師致羅香林老師函

大學因馬鑑教授已屆榮休之年，聘請澳大利亞悉尼大學（University of Sydney）講座教授賴歐（J. K. Rideout）擔任本系講座教授，主理系務。惜賴歐教授抵港不久，於馬教授榮休歡送會翌日失蹤，其後被發現溺斃。時賀光中老師為本系唯一全職講師，受命署理系務。不久賀老師獲馬來亞大學（今新加坡國立大學）敦聘出任中文系高級講師。

（圖片由香港大學圖書館提供）

林仰山教授 (Professor F. S. Drake, 1892 － 1974)
攝於稱為「林屋」的港大宿舍

1933 年，港大校長康寧爵士敦聘當時在濟南齊魯大學任教的林仰山教授為港大中文系教授，惟林教授因事未能赴任。1952 年，林教授離山東返英，適值剛履新的港大中文系主任賴歐教授去世，港大校長賴廉士爵士 (Sir Lindsay Ride) 遂禮聘林教授來港接任中文系主任一職。林教授 1964 年榮休，領導中文系長達十二年。1956－1961 年，林教授更兼任文學院院長。

The Great Learning

Comparative Table of Mandarin and Cantonese Sounds

Write your answers on this side only.

Text of Confucius

		M.	C.	Giles	Karlgren	
1.	大	ta³	tai³	10,470	952	great
	學	hsüeh	hok	4839	173	learning
	之	chih	chi	1787	1210	of
	道	tao⁴	tou³	10,780	978	way, principles
	在	tsai⁴	tsoi³	11,481	1024	(consists) in
	明	ming	ming	7946	634	making bright
	明	ming				bright
	德	tê	tek	10,845	981	virtue
	在	tsai⁴				(consists) in
	親	ch'in	ts'ên	2081	1083	loving
	民	min	mên	7908	629	the people
	在	tsai⁴				(consists) in
	止	chih	chi	1837	1211	resting
	於	yü	yü	13,575	1323	in
	至	chih⁴	chi⁴	1817	1213	highest
	善	shan⁴	shyn³	9710	854	good

(The above are the 'three principles')

三綱領

---

* In the original text the character is 親, read as to chin, as above; or near, to renovate.

It was changed to 新, by the Sung scholars to: ch'in, sen, 4574, 803 to renovate, in accordance with their ideas about recovering its original purity of mankind.

新

親新

林仰山教授手迹

林仰山教授手書儒家經典《大學》原文，逐字標記國語、粵語讀音及字義。

香港大學 1953－1954 年度校曆所載文科中文課程（一）

在林仰山教授的領導下，中文系在既有的語言文學、歷史、哲學及翻譯課程基礎上，增設藝術與考古課程。

CHINESE

FIRST YEAR.　　(*Preliminary Year*)

A. Chinese Language and Literature.

1. History of Chinese Literature .... 2 hours
2. Introduction to the Chinese Classics ⎫
3. Special Books ⎬ .... 1 hour
   - Ta-hsüeh (Great Learning).
   - Chung-yung (Doctrine of the Mean).
   - Lun-yü (Analects of Confucius).
   - Mêng Tzu (Mencius).
4. Composition .... Tutorial
5. Translation: English-Chinese and Chinese-English .... 1 hour

B. Chinese History .... 2 hours

1. A general survey of Chinese History.
2. Special Subject:
   - Pre-History of China.

C. Chinese Art and Archaeology .... 1 hour
   - Pottery and Porcelain (from Neolithic to present day) and Introduction to Chinese Archaeology.

SECOND YEAR.　　(*Intermediate Year*)

A. Chinese Language and Literature.

1. First Term: Introduction to Sinology ...... 2 hours
   - Bibliography.
   - History of Sinology—Chinese and Western.
   - Use of Tool Books.
   - Second Term:
     - Etymology.
2. Literature of the Pre-Ts'in Period ⎫
3. Special Books ⎬ .... 1 hour

86

SYLLABUSES : B.A.

- Li-chi (Record of Rites).
- Shu-ching (Book of History).
- Ch'un-ch'iu (Spring and Autumn Annals, with Commentaries).

4. Composition .... Tutorial
5. Translation: English-Chinese and Chinese-English .... 1 hour

B. Chinese History .... 2 hours

1. The Ancient Period of Chinese History (c. 1500-221 B.C.).
2. Special Subjects:
   - Chinese Historiography (Sources and Methods).
   - The Social and Economic Condition of Ancient China.

C. Chinese Art and Archaeology .... 1 hour

1. Bronze (with emphasis upon the Ritual Vessels of the ancient period, c. 1500 B.C. to Christian era).
2. Jade (with emphasis upon the Ritual Jades of the ancient period, as above).

THIRD YEAR.　　(*Final Year, Part I*)

A. Chinese Language and Literature.

1. Literature of the Han, Wei and Six Dynasties (206 B.C.-A.D. 618) ⎫
2. Special Books ⎬ .... 3 hours
   - Shih-ching (Book of Odes).
   - Ch'u-tzu (Elegies of Ch'u). ⎭
3. Phonology and Dialects of China .... 1 hour
4. Composition in various styles of Poetry and Prose .... Tutorial

87

B. Chinese History .... 2 hours

   1. The Period from Ts'in and Han Dynasties to Sui Dynasty (221 B.C.-A.D. 618).

   2. Special Subjects:

      Chinese Geographical Discovery from 2nd cent. B.C. to 6th cent. A.D.

      Social and Economic History of China from 2nd cent. B.C. to 6th cent. A.D.

C. Chinese Art and Archaeology .... 1 hour

      Sculpture (Han Dynasty to Tang 206 B.C.- A.D. 906).

D. Chinese Philosophy .... 3 hours

   1. History of Chinese Philosophy.

   2. The Pre-Ts'in Philosophers (c. 500-200 B.C.).

   3. The Han Dynasty Confucianists and Others (206 B.C.-A.D. 220).

   4. Buddhism (first period)—Han and Six Dynasties (c. A.D. 1st cent. to 589).

   5. Special Books.

FOURTH YEAR. (*Final Year, Part II*)

A. Chinese Language and Literature.

   1. Literary Criticism (a drawing together course, evaluating the writers studied during the previous years) .... 1 hour

   2. Literature from the Tang Dynasty to present day

   3. Special Books: } .... 2 hours
      I-ching (Book of Changes).

   4. Composition: Essay on Special Theme ...... Tutorial

B. Chinese History .... 2 hours

   1. The Period from Tang Dynasty (A.D. 618) to present day.

   2. Special Subjects:

      Chinese Geographical Discovery (Tang, Sung and Ming Dynasties).

      Social and Economic History of China from Tang Dynasty to present day.

      China's Relations with West from 15th cent. to present day.

      Chinese Emigration overseas.

C. Chinese Art and Archaeology .... 1 hour

   1. Painting and Calligraphy (from earliest time to present day).

   2. Block Printing.

D. Chinese Philosophy .... 3 hours

   1. Buddhism (second period): Tang Dynasty A.D. 618-906 and to present day.

   2. Neo-Confucianism:

      (Sung Dynasty A.D. 960-1280); (Ming Dynasty A.D. 1368-1644).

   3. Modern Thought in China and its relation to the West (19th and 20th cents.).

   4. Special Books.

Economics and Political Science.

First Year Pass

Elements of Economics: introductory course on the theory of value and price, supply and demand analysis, theory of distribution, theory of trade, structure of industry, industrial fluctuations.

香港大學 1953 － 1954 年度校曆所載文科中文課程（二）

1954 年「崑曲晚會」場刊

1954 年 1 月 23 日晚，香港大學東方文化研究院與中文學會假大學大禮堂主辦「崑曲晚會」，邀請著名崑曲表演藝術家俞振飛、黃曼耘伉儷演出經典劇目「思凡」、「販馬記」，港督葛量洪爵士（Sir Alexander W. G. H. Grantham）及著名女演員李香蘭均為座上嘉賓。

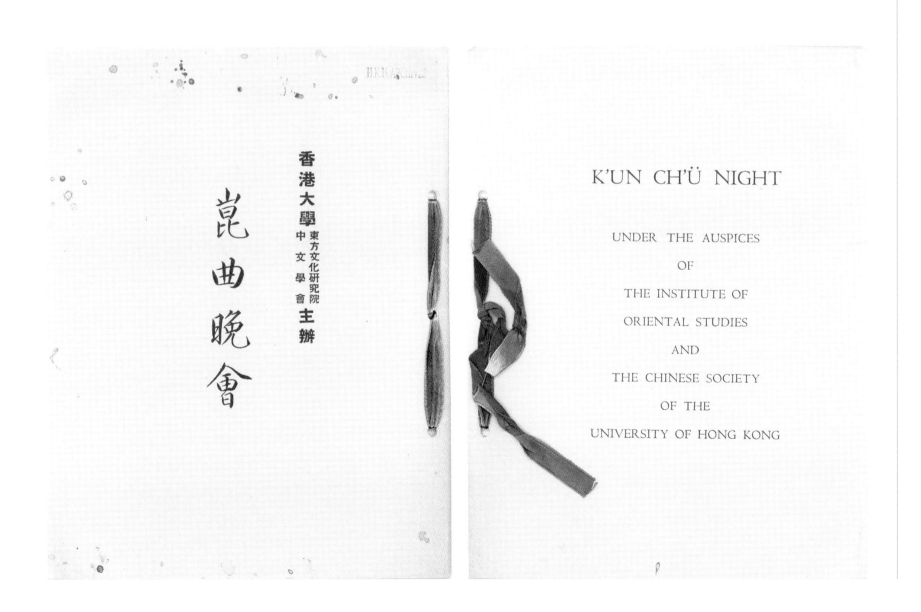

1954 年中文學會公演《雷雨》劇照

1954 年 11 月 19－20 日，中文學會假香港大學大禮堂公演英譯曹禺四幕劇《雷雨》，由著名現代戲劇作家姚克先生任顧問。上圖為中文學會送給馬鑑教授的演員劇照，前排右起第二人為姚克先生，後排右起第一人為中文學會主席劉唯邁。

中文學會慶祝《雷雨》成功演出晚會師生合照

是圖攝於 12 月 6 日中文學會假鄧志昂中文學院舉行慶祝《雷雨》成功演出晚會。左起：1. 劉唯邁（中文學會主席）、2. 馬蒙老師（時任教東方文化研究院附屬語言學校）、3. 林仰山教授（中文系主任）、4. 馬鑑教授（中文學會名譽會長）、5. 姚克先生（顧問）、6. 胡春冰先生（著名劇作家）。

《中國文選》書影

截至 1960 年代初為止,香港大學是本地唯一獲香港政府認可的大學,升學試由大學各學系擬訂。林仰山教授上任後,即主編《中國文選》,供考生研習。其中經學、文學作品由劉百閔老師、饒宗頤老師選編,史學作品則由羅香林老師負責。1955 年印行初版,其後一再修訂重版,對香港中文教育影響深遠。

(圖片由香港大學圖書館提供)

弁言

香港大學入學試中文科試卷一所考文篇,現經修訂,自一九七三年起用之,細節已在港大入學試手冊(一九七三年)內公佈。其中十七篇見於中國文選:計上編四篇,荀子勸學、楚辭哀郢、周邦彥六醜詞、桃花扇餘韻齣是也;下編十三篇,詩抑、禮記大學、史記太史公自序(節錄)、漢書藝文志諸子累、論衡自紀(節錄)、王守仁大學問、江藩漢學師承記序、曾國藩聖哲畫像記、詩大序、文心雕龍情采、鍾嶸詩品序、白居易與元九書、吳梅中國戲曲概論是也。本編不復轉載。本編作者出處凡具上下編者,亦從畧。

其爲中國文選上下編所無者十六篇,由港大中文系黃六平先生及余畧加箋釋,纂爲是書,以便讀者。書無逸,詩七月、左傳成公二年「崤之戰」、莊子逍遙遊、許慎說文解字叙五篇,則黃先生疏之;論語先進、孟子告子上、韓愈原道、柳宗元零陵三亭記、王安石慈溪縣學記五篇,則何先生注之;易繫辭下、庾信枯樹賦、何沛雄先生、杜甫秋興八首、汪中自序四篇,則余承其乏。胡適中國新文學大系導言、朱自清論雅俗共賞二

中國文選補編 弁言

壹

香港大學入學考試用書

中國文選

上編

香港大學出版社

一九五五

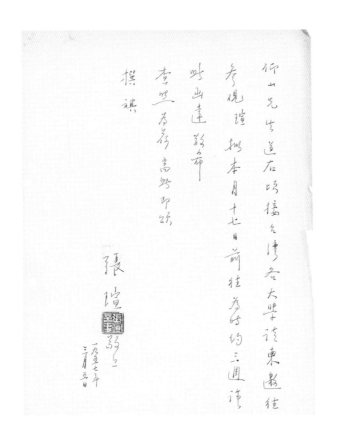

張瑄先生致林仰山教授函

林仰山教授於 1952 年成立東方文化研究院（亞洲研究中心前身，後與香港人文社會研究所合併），並出任院長。研究院旨在提供研究設施，供東西方學者從事有關中國與東方的研究。研究院於 1959 年劃歸中文系。張瑄先生為林教授敦聘的研究員之一，此為其 1957 年因赴臺參觀而呈林教授的請假函。

（圖片由香港大學檔案中心提供）

李鄭屋漢墓考古現場

1955 年，香港政府在深水埗李鄭屋村進行興建徙置大廈工程期間，發現東漢古墓，林仰山教授率本系師生進行發掘。此為林仰山教授（左 2）與張瑄先生（右 1）、饒宗頤老師（左 1）於考古現場合照。

董作賓教授致林仰山教授函

甲骨學專家、國立中央研究院歷史語言研究所所長董作賓教授於 1955 年應邀出任香港大學東方文化研究院研究員。1957 年 4 月，中研院舉行院士會議，董氏為赴會而致函林仰山教授請假。

（圖片由香港大學檔案中心提供）

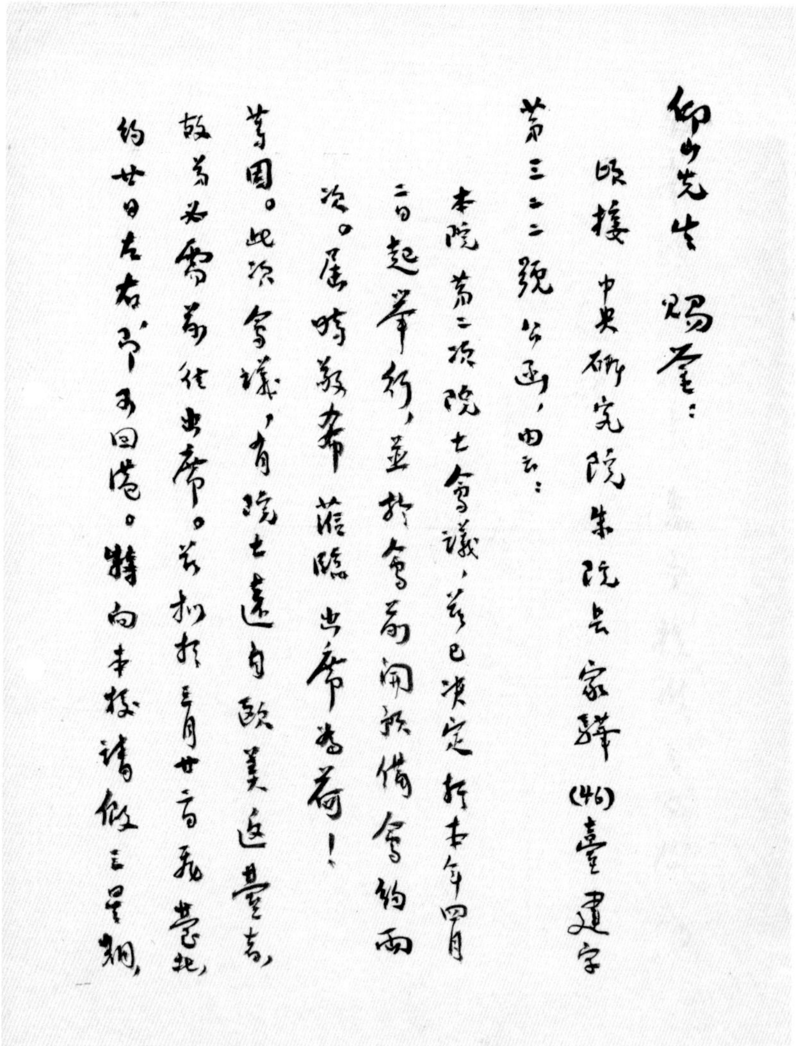

仰山先生 煱臺：

頃接 中央研究院朱院長家驊（46）臺建字第三二二號公函，囑云：

本院第二項院士會議，業已決定於本年四月二日起舉行，並擬舉行會議約兩次。屆時敬希 蒞臨出席為荷！

等因。此次會議，有院士遠自歐美返臺赴會，故弟為與會計亦出席。茲擬於本月廿二日離港赴臺北，約廿日左右方可回港。特向本校請假三星期，

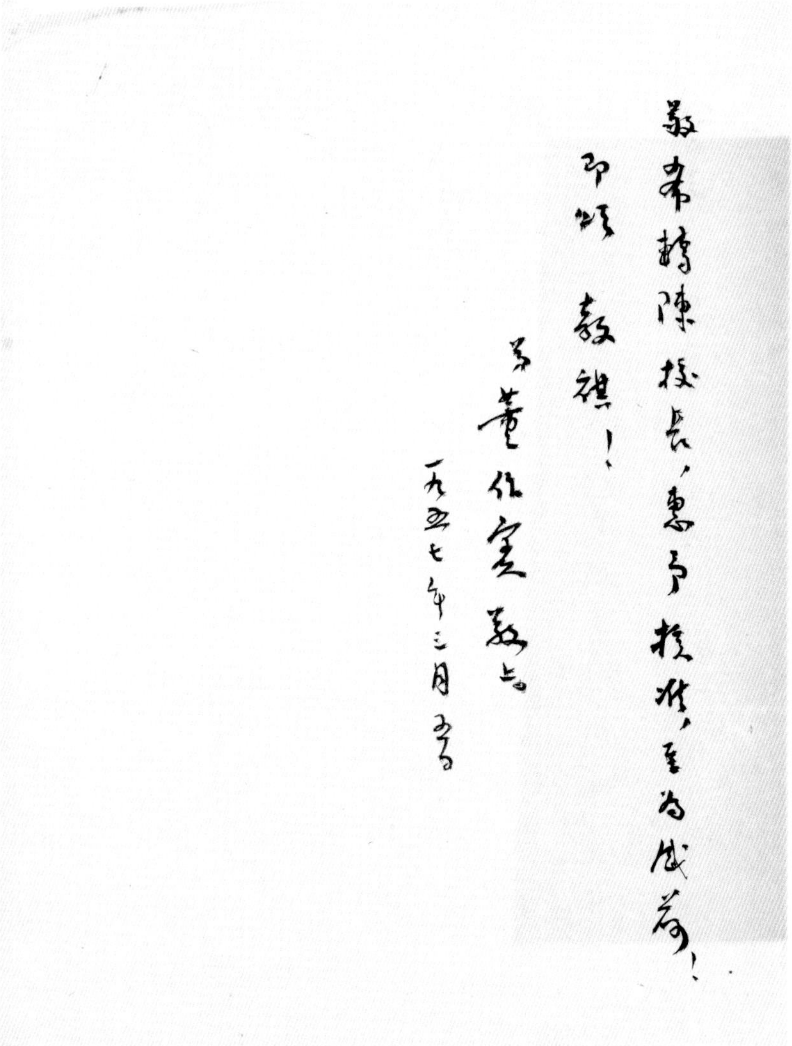

敬希轉陳授長，惠予核准，至為感荷！

耑此 敬祺！

　　　　弟 董作賓敬上

一九五七年三月廿二

董作賓教授甲骨文書法

此為董作賓教授貽贈港大中文系墨寶，末署「民國乙未（1955）仲秋書於香港太平山麓」。所錄卜辭文字由下至上為「己巳王卜貞歲商受王占曰吉　東土受年　南土受年吉　西土受年吉　北土受年吉」，大意為商王為己巳歲收成問卜，占卜結果顯示四方收成皆好。

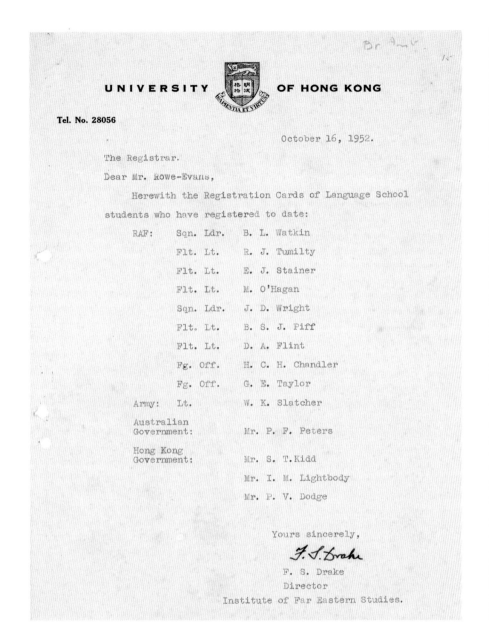

UNIVERSITY OF HONG KONG

Tel. No. 28056

October 16, 1952.

The Registrar.

Dear Mr. Rowe-Evans,

Herewith the Registration Cards of Language School students who have registered to date:

RAF: Sqn. Ldr. B. L. Watkin

Flt. Lt. R. J. Tumilty

Flt. Lt. E. J. Stainer

Flt. Lt. M. O'Hagan

Sqn. Ldr. J. D. Wright

Flt. Lt. B. S. J. Piff

Flt. Lt. D. A. Flint

Fg. Off. H. C. H. Chandler

Fg. Off. G. E. Taylor

Army: Lt. W. K. Slatcher

Australian Government: Mr. P. F. Peters

Hong Kong Government: Mr. S. T. Kidd

Mr. I. M. Lightbody

Mr. P. V. Dodge

Yours sincerely,

F. S. Drake

F. S. Drake
Director
Institute of Far Eastern Studies.

N O T I C E

UNIVERSITY OF HONG KONG

Evening Courses in Chinese Language

The University is offering, under the auspices of the Institute of Oriental Studies, the following for foreign students:

Colloquial Cantonese
Spoken Mandarin
Writing Chinese Characters
Reading texts in Colloquial Chinese
Modern Literary Chinese
Ancient Literary Chinese

The times of the classes will be as follows, subject to revision :

First Year

A. Colloquial Cantonese, Spoken Mandarin

Tues. and Fri. 4.30 - 5.30 p.m. or
Mon. and Wed. 5.30 - 6.30 p.m.

B. Character Writing

Thurs. 5.30 - 6.30 p.m.

C. Reading texts in Colloquial Chinese (Cantonese or Mandarin)

Mon. and Wed. 4.30 - 5.30 p.m. or
Tues. and Fri. 5.30 - 6.30 p.m.

Second Year

A. Colloquial Cantonese, Spoken Mandarin

Mon. and Wed. 4.30 - 5.30 p.m.

B. Character Writing

Thurs. 5.30 - 6.30 p.m.

C. Reading texts in Colloquial Chinese (Cantonese or Mandarin)

Mon. and Wed. 5.30 - 6.30 p.m.

Third Year

A. Colloquial Cantonese, Spoken Mandarin

B. Character Writing

C. (a) Modern Literary Chinese
(b) Ancient Literary Chinese
(times by special arrangement)

Fees will be payable in October and March at $150 per half year for Courses with two classes a week and $75 per half year for the course with one class a week.

The Courses will begin on October 3, 1955. Application forms are obtainable from the Registrar's office and applications must be received by September 24, 1955.

B. Mellor
Registrar.

September 15, 1955.

1952 年林仰山教授致教務長函

香港大學早於 1949 年設立語言學校，為英國派駐香港與遠東的人員提供國、粵兩語的訓練。信中列出語言學校的學生名單，包括空軍、陸軍、澳洲政府、香港政府成員，當中的祁德（Samuel Tedford Kidd）後為香港政府駐倫敦辦事處專員，P. F. Peters 後為澳洲駐土耳其大使。

（圖片由香港大學檔案中心提供）

1955 年教務長有關中文課程的通告

從通告可見，中文課程涵蓋國、粵雙語會話、漢字書寫、文言與白話等，上課時間為星期一至五 4 時半至 6 時半。

（圖片由香港大學檔案中心提供）

INSTITUTE OF
ORIENTAL STUDIES

LANGUAGE SCHOOL
HAND BOOK
1957 - 58

UNIVERSITY OF HONG KONG

Institute of Oriental Studies

Language School Section

Recommendations

1. Owing to the circumstance in which the Language School came into being, the Mandarin and Cantonese studies were arranged with a view to the Civil Service Commission Interpretership Examinations, and the Examinations for Cadets set by the Hong Kong Government; and the method of instruction was by individual tuition.

Although good results have been achieved by this intensive method, the scope of the Language School has been somewhat limited thereby; the results have been practical rather than scholarly, and the high tuition fees necesitated by the method of individual tuition have been prohibitive for private students.

2. During the past two years we have had frequent enquiries about courses from prospective students both in Hong Kong and abroad, but owing to the fact that we had nothing but individual tuition at high cost to offer, the enquiries have usually been dropped, and only occasionally resulted in a "special student" taking a few hours tuition a week.

3. There has also been an increasing demand from members of the University staff for tuition in Mandarin or Cantonese – sometimes for elementary instruction in the spoken languages, sometimes for more advanced work in the literary style. The rule for remitting one half the tuition fees for members of the University has enabled a number of University staff members to avail themselves to some extent of the facilities of the Language School. But even with

1957 － 1958 年度語言學校手冊封面（左）及語言學校發展建議（右）

東方文化研究院成立後，語言學校成為其附屬部門。

（圖片由香港大學檔案中心提供）

DRAFT

Indian armed forces and
    Foreign Service -   12½%
Private students -   15%
Students from Foundations -   10%
others   10%

    The British Government has decided to establish
a Ministry of Defence Chinese Language School in
Hong Kong, on army premises. This will open in 1967
and new intake of British and Australian armed
forces students to the University's School will then
cease. The British and Australian Foreign Service
students will also probably in due course be sent
to the new School instead of to the University. If
the demand from other students remains constant,
the full-time enrolment at the University's School
will drop as follows:-
    1966-7 - 40
    1967-8 - 30
    1968-9 - 23
    1969-70 - 19

    The implications of this on the continued
existence and future nature of the University's
Chinese Language School are being examined,
especially in view of the fact that the School has
in the past been expected to be financially self-support-
ing. In the meantime this paper is placed before the
Council so that members may be aware of the situation.

———

To
Subject
Date

DRAFT

UNIVERSITY OF HONG KONG
COUNCIL

Chinese Language School

    The Chinese Language School (which now forms
part of the Institute of Oriental Studies) was set
up by the University in 1949 with the help of an
annual Hong Kong Government subvention of $50,000, for
the purpose of teaching Mandarin and Cantonese to
personnel of the Hong Kong and various British
Government services.

    Student enrolment at the Language School has
been sponsored by various Government authorities in
several different countries, but there have also
been a number of private students and students
supported by Foundations.

    The Principal of the Language School is a
lecturer of the University in Chinese Language and
has a seat on the Board of the Faculty of Arts.
In 1960, the Senate approved the institution of
a University Certificate and a University Diploma
in Chinese Language at the Language School for those
whose mother tongue is not Chinese.

    The Language School provides various types of
courses for proficiency in the Chinese Language.
These are full-time courses of up to three years in
Cantonese or Mandarin, leading to recognised external
examinations, and similar full-time courses in the
Chinese language, with supplementary courses in
Chinese Classical and Modern Literature, leading
to the University Certificate in Chinese Language
(after two-years) and the University Diploma in
Chinese Language (after three-years).

    The students attending the school have been
mainly armed services and foreign service officers
from Britain, Australia and India. The average
enrolment is about 40, the proportions of the
various categories of students for 1966-7 being:-
    British armed forces -   32½%
    British Foreign Service -   12½%
    Australian armed forces
    and Foreign Service -   7½%

1960 年代大學有關語言學校發展前景的會議文件

自 1949 年以來，語言學校為英國、澳洲、印度等地軍政人士提供學習中文的機會。英國政府於 1957 年在駐港英軍屋舍內另設國防部中文學校，取代大學教導軍人、官員中文的角色。大學為此開會討論語言學校的前景。

（圖片由香港大學檔案中心提供）

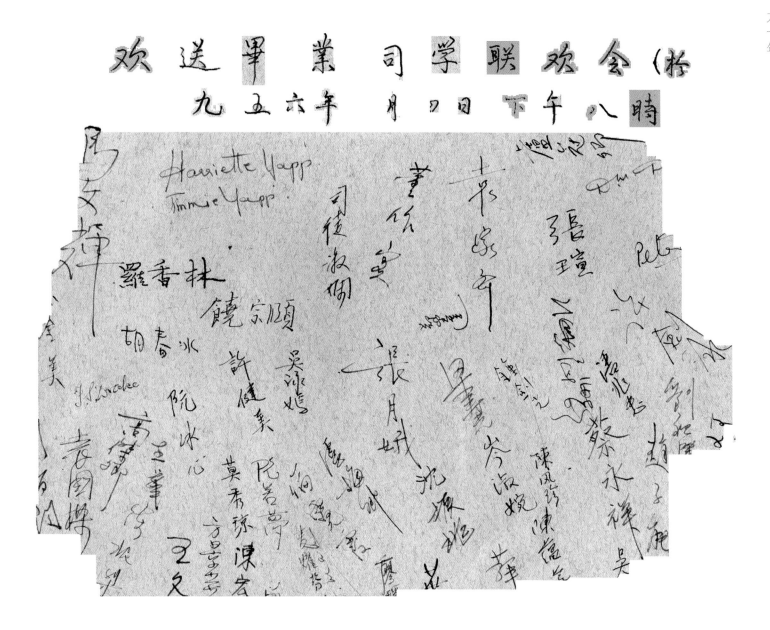

1956 年中文學會歡送畢業同學聯歡會簽名紙殘本

簽名者有名譽副會長馬文輝先生、胡春冰先生，學術顧問董作賓教授、張瑄先生，會長林仰山教授，副會長劉百閔老師、羅香林老師、饒宗頤老師，學會主席盧冠卿、秘書張月娥、司庫蔡永祥、學術組司徒淑嫻、戲劇組盧梅卿、康樂組袁家齊等。

1958 年中文學會歡迎新同學晚會合影

前排左起：3. 麥錫漢（後於香港大學攻讀教育碩士）、5. 陳瑞璋（後任太平洋戰
爭紀念撫恤金顧問委員會主席）、6. 盧景文（後任香港演藝學院校
長）、8. 龍壽堂（後任元朗公立中學校長）、12. 毛鈞年（後任新華社
香港分社副社長）、15. 游順釗（後為著名語言學家，巴黎法國國家
高等社會科學院東亞語言研究所研究員）；
二排左起：5. 傅明珠（Pearl Fu，後赴美國發展）、10. 林仰山夫人、11. 林仰山教
授、12. 彭勝強（中文學會主席）、13. 劉百閔老師、14. 饒宗頤老師；
三排左起：9. 張月娥（前中文學會主席）；
四排左起：5. 馮以浤（後任香港大學教育系講師、香港大學明原堂舍監）、
16. 趙令揚（現為香港大學榮休教授）；
末排左起：9. 黃繼持（後為香港中文大學崇基學院中文系教授）、14. 陳福霖（曾
任美國邁阿密大學東亞史教授、現任香港大學中文學院及歷史系名譽
教授）。

林仰山教授及家人與中文系老師合影（照片約攝於 1959 － 1960 年間）

左起：1. 余秉權老師、2. 汪文恂老師（任教教育系）、3. 饒宗頤老師、4. 劉少卿老師（任教東方研究院附屬語言學校）、5. 劉百閔老師、6. 林仰山夫人、7. 林仰山教授、8. 林仰山教授之公子、9. 羅香林老師、10. 楊維楨老師。

羅香林老師與中文系學生於宋王臺合影

1960 年 3 月 11 日，羅香林老師率領中文系學生實地考察香港史蹟，於宋王臺留影。

陳大齊教授與香港大學中文系老師合影

前排左起：1. 饒宗頤老師、2. 羅香林老師、3. 陳大齊教授、4. 林仰山教授、5. 劉百閔老師；

後排左起：1. 牟宗三老師、2. 余秉權老師、3. 金薩靜老師 (G. E. Sargent)、4. 羅錦堂老師、5. 劉唯邁老師、6. 楊維楨老師。

中文系與語言學校老師於港督府園遊會合影

1961 年，香港大學金禧紀念，中文系與語言學校老師攝於港督府園遊會。

前排左起：1. 語言學校劉少卿老師、6. 劉百閔老師、10. 羅香林老師、11. 饒宗頤老師、13. 林仰山教授、14. 語言學校馬蒙校長、

15. 金薩靜老師；

二排左起：4. 楊維楨老師。

中文系配合香港大學金禧紀念國際學術會議組織香港史蹟考察

1961 年，香港大學慶祝金禧，不同學系分別舉行六個國際學術會議。中文系主辦「華南港澳暨東南亞歷史考古語文論壇」(Symposium on Historical, Archaeological and Linguistic Studies on Southern China, South-East Asia and the Hong Kong Region)，並組織香港史蹟考察。右圖攝於考察錦田吉慶圍史蹟。

雅麗珊郡主參觀馮平山博物館

1961 年，中文系主任林仰山教授（左 1）、講師羅錦堂博士（右 2）及東方文化研究院研究員簡又文先生（右 1）陪同訪港的雅麗珊郡主（Princess Alexandra）參觀香港大學馮平山博物館。

1961 年中文系畢業同學與老師合影

第一排右起：1. 余秉權老師、2. 牟宗三老師、3. 饒宗頤老師、4. 羅香林老
師、5. 林仰山教授、6. 林仰山夫人、7. 劉百閔老師、8. 金薩靜
老師、9. 楊維楨老師；

第二排右起：1. 陳學霖、2. 潘祝桓；

第三排右起：1. 趙令揚、2. 徐守滬、4. 李直方、6. 黃繼持、9. 蘇紹興。

1961 年中文學會公演話劇《桃花扇》後於香港大學陸佑堂合影

毛鈞年（前排右6）；黃惠芬女士（二排中座），其左依次為譚國恥、黃宗傑；譚國恥後站立演員為陳瑞璋，黃宗傑後站立演員為黃湛森（黃霑）。

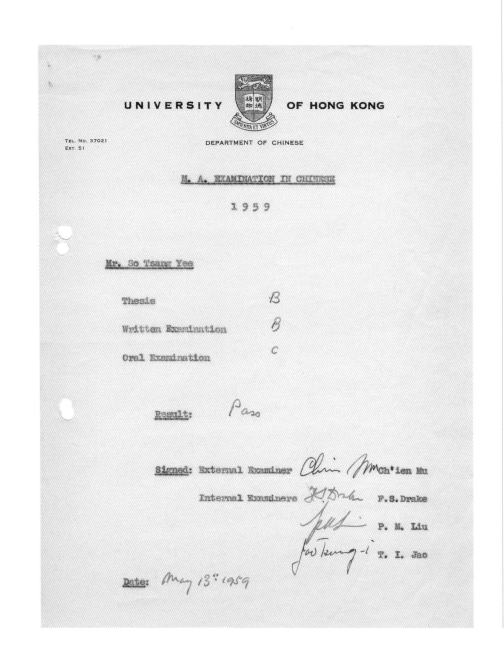

1959 年蘇曾懿攻讀文學碩士學位之考核報告

戰前在香港大學中文系攻讀高級學位的研究生，可考者僅薛澄清、韋達等數位。自林仰山教授主持系務後，申請到港大中文系攻讀高級學位的研究生人數日增。中文系 1935 年本科畢業生蘇曾懿，是戰後首位繼續在中文系進修而考獲碩士學位的研究生。右圖為校外考試委員錢穆教授及校內考試委員林仰山教授、劉百閔老師、饒宗頤老師簽署通過蘇曾懿碩士論文及考試的報告書。

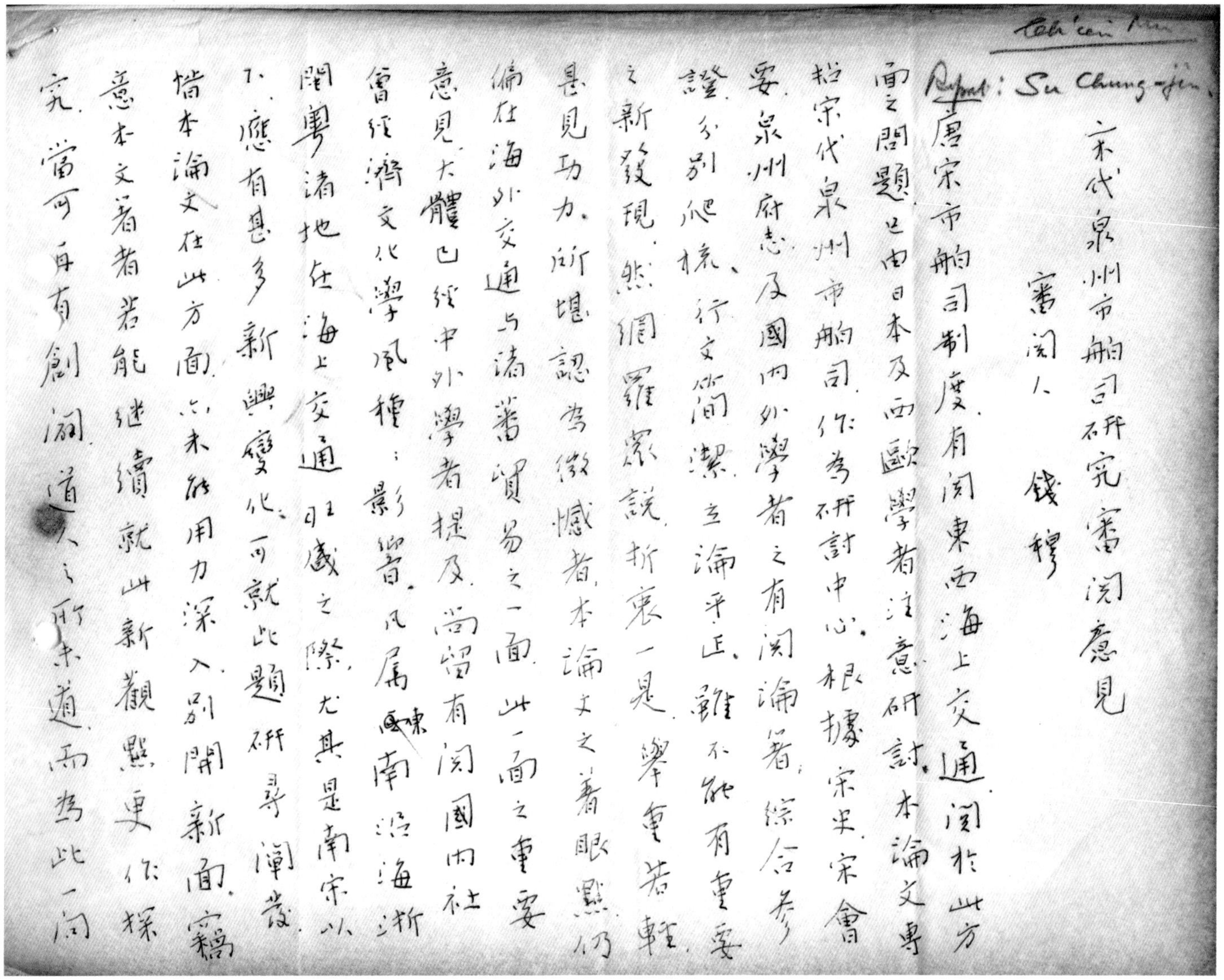

Pupil: Su Chung-jin

宋代泉州市舶司研究審閱意見

審閱人　錢穆

唐宋市舶司制度有關東西海上交通，關於此方面之問題，已由日本及西歐學者注意研討。本論文專指宋代泉州市舶司作為研討中心，根據宋末宋會要、泉州府志及國內外學者之有關論著綜合參證，分別爬梳，行文簡潔，立論平正，雖不能有重要之新發現，然網羅眾說，折衷一是，舉重若輕，甚見功力。所堪認為遺憾者，本論文之著眼點仍偏在海外交通與諸蕃貿易之一面，此一面之重要，意見大體已經中外學者提及，尚覺有關國內社會經濟文化學風種種影響，尚屬與東南沿海浙閩粵諸地在海上交通日盛之際，尤其是南宋以後應有甚多新興變化，可就此題研尋闡發，惜本論文在此方面尚未能用力深入別開新面，竊意本文著者若能繼續就此新觀點更作探究，當可再有創闢道之所未達，而為此一問題另闢途徑。

1960 年錢穆審閱中文系研究生蘇宗仁碩士論文報告書首頁

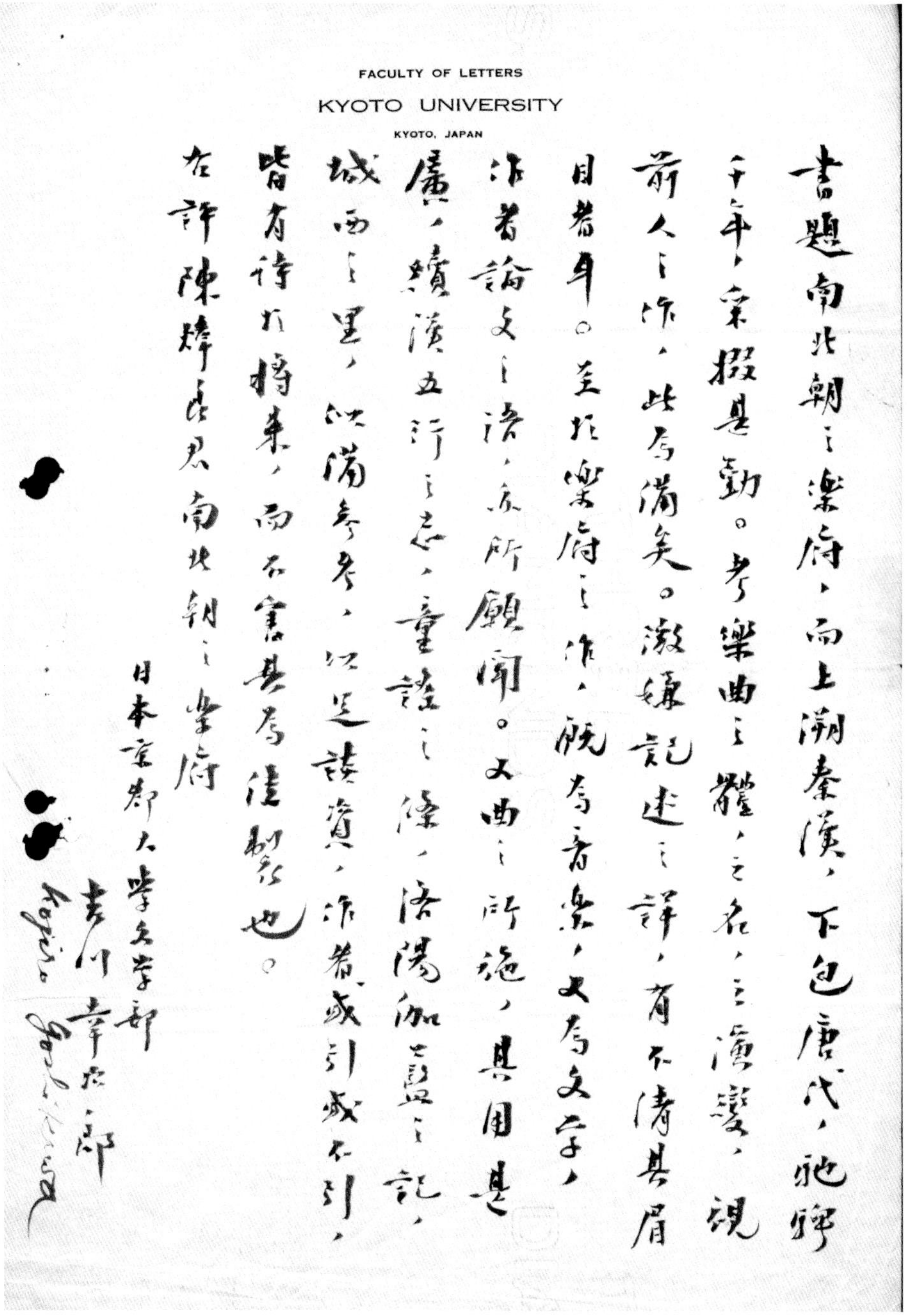

FACULTY OF LETTERS

KYOTO UNIVERSITY

KYOTO, JAPAN

書題「南北朝之樂府」，而上溯秦漢，下包唐代，馳騁
千年，采擷甚勤。考樂曲之體，之名，之演變，觀
前人之作，此為備矣。激賞記述之評，有不清甚眉
目者矣。至於樂府之作，既為音樂，又為文字，
作者論文之資，廣所顧開。又曲之所施，其用甚
廣，續漢五行之志，童謠之隸，洛陽伽藍之記，
城西之里，以備參考，以足諸資，作者咸引或不引，
皆有待於將來，而不害其為佳製也。

在許陳煒良君見南北朝之樂府

日本京都大學文學部
吉川幸次郎

1962 年日本著名漢學家吉川幸次郎
評審港大中文系研究生陳煒良碩士
論文報告書

陳煒良、陳炳良昆仲均為香港大學中文系畢業生，
兩人於 1959 年同獲一級榮譽文學士，又於 1962 年
同獲文科碩士學位，成為一時佳話。

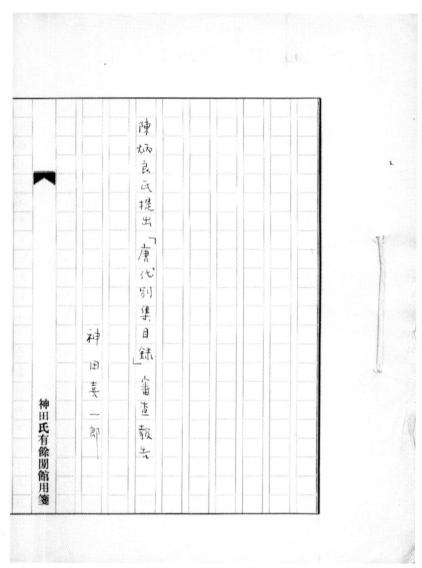

1962 年日本著名漢學家神田喜一郎評審中文系研究生陳炳良碩士論文報告書

（右）封面、（左）報告末頁

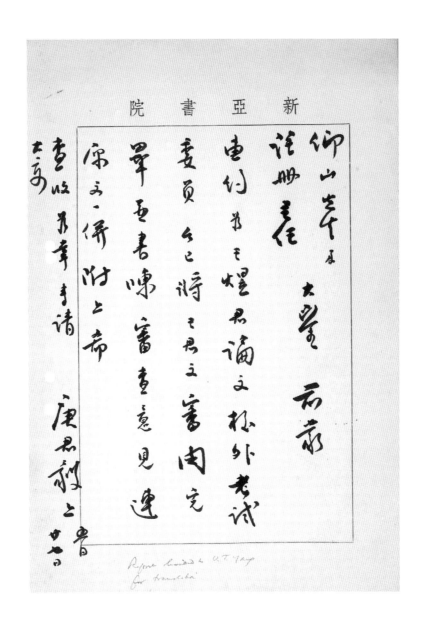

唐君毅審核王煜文學碩士學位論文報告書

王煜提交的文學碩士論文〈宋學中程朱學派的致中和問題〉，
由牟宗三老師指導，唐君毅任校外考試委員。王煜繼於本系修
讀博士學位，後任香港中文大學哲學系教授。

本黃繼持君「性即理與心即理」一文，乃以朱子與陸
象山為中心，總述宋明儒思想發展之大脈。其
優点如下：

一、文字清晰，措辭恰当，極為難得。

二、分析問題極中肯要，勝于一般人之浮泛不切。

三、表明朱子所以堅主「性即理」唯至視心與神俱屬于
氣，此則不合先秦儒家古義，亦不合北宋濂溪、
橫渠、明道之所体會。此点乃宋明儒分成兩大派
之本質的關鍵。其餘諸差異以及錯綜複雜之
糾結学可由此而得明。

統觀全文在分解的理解上極成功。此為一步家所用
知之問題，迴而未有能清澈如中肯地明其所以者。
就此而言，黃君此文貢獻甚大。應予70分及格。

指導人　牟宗三

Supervisor: T.S. Mou.
July 1, 1965

校內考試委員　羅香林　Lo Hsiang-lin

**牟宗三老師審核黃繼持
文學碩士論文報告書**

當代新儒學大師牟宗三老師於
1960－1968年任教港大中文系期
間，曾擔任王煜、黃繼持、方穎
嫻等碩士研究生之指導老師。

1962 年中文系研究生與老師合影

左起：1. 馬蒙老師、2. 博士研究生蘇宗仁、3. 陳學霖、4. 趙令揚、5. 饒宗頤老師、6. 劉唯邁老師、7. 羅錦堂老師、8. 余秉權老師、9. 牟宗三老師。

1963 年，趙令揚及陳學霖通過碩士學位考試後，趙令揚即獲澳大利亞悉尼大學聘請，執教東方學系；陳學霖則獲美國普林斯頓大學取錄為歷史系博士研究生。

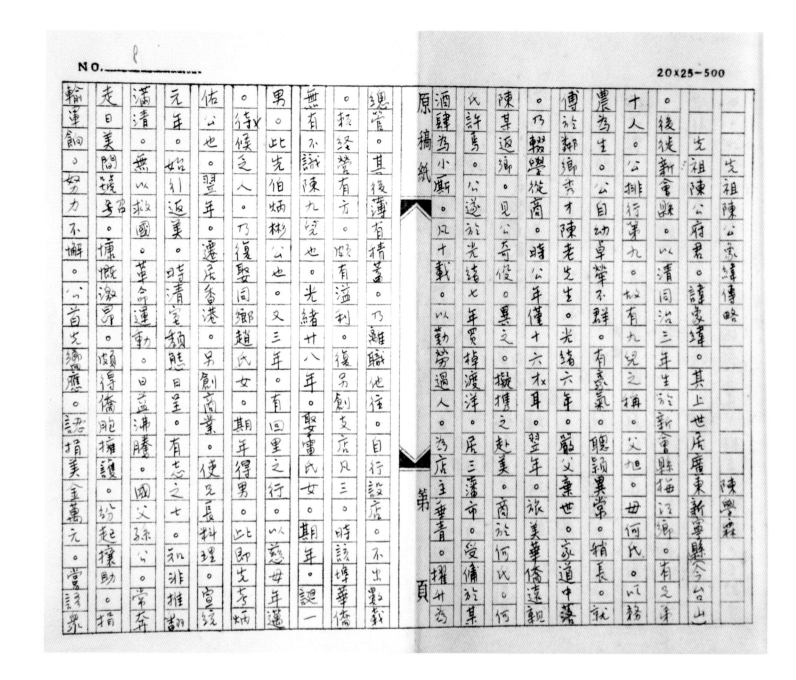

陳學霖在學期間作業

陳學霖在港大中文系肄業期間，曾修讀羅香林老師講授的族譜學，此即其呈交的課程習作原稿。

（圖片由香港大學圖書館提供）

CHUNG CHI COLLEGE
MA LIU SHUI N. T.   TEL.   888-431
KOWLOON, HONG KONG   888-432

April 1, 1963

Dear Prof. Drake,

Thank you very much for the books which Ah Poon delivered to me last Saturday afternoon. I shall return to you the book on loan as soon as I've finished reading it. It's only because I want to gain a better insight into the scholarship of the man who shall be my guidance in my future studies at Princeton. I think you've already learned ahead of me of Mr. Chen's appointment to a lectureship in Oriental Studies at Sydney University. This is indeed amazing. His example will serve to show that there is a "use" of studying Chinese in this materialistic world (although Confucius disapproves this notion!). He will be, nevertheless, an encouragement and a challenge to all students associated with the Department of Chinese. I sincerely hope that very soon I shall be able to follow his step.

Hoping to see you again very soon,

Very sincerely yours,

Chen Hok-lam

陳學霖致林仰山教授書函

此信為陳學霖負笈美國普林斯頓大學攻讀博士學位前所撰，信內提及其港大同學趙令揚獲悉尼大學講席，頓感鼓舞。

1962 年畢業同學合照

前排左起：1. 羅香林老師、2. 劉百閔老師、3. 牟宗三老師；

二排左起：6. 何沛雄。

1960 年代中文系師生合照

前排左起： 2. 何沛雄、3. 羅錦堂老師、4. 牟宗三老師、5. 饒宗頤老師、6. 羅香林老師、7. 林仰山教授、
8. 劉百閔老師、9. 余秉權老師、10. 楊維楨老師、11. 劉唯邁老師、13. 中文學會主席黎翰興。

1964 年於大會堂餐廳舉行的林仰山教授榮休宴席間留影

左起：1. 劉少卿先生、6. 林仰山教授、7. 賴廉士校長、8. 林仰山夫人、9. 孫雅娜女士（東方文化研究院行政助理）、
10. 錢穆先生、11. 劉百閔老師。

1964 年香港大學中文學會於鄧志昂中文學院
舉行歡送林仰山教授榮休茶會合影

前排左起：1. 余秉權老師、2. 劉唯邁老師、3. 饒宗頤老師、4. 羅香林老師、5. 林仰山教授、6. 中文學會主席黎翰興、

7. 楊維楨老師、8. 羅錦堂老師、9. 何沛雄（第一屆林仰山獎學金得主，當時正攻讀文科碩士，並任導師）。

林仰山教授與中文系職員道別留影

1964 年 6 月 24 日晚上，林仰山教授（左 1）與前往皇后碼頭送行的蘇宗仁先生（左 2，中文系首位博士研究生，由林教授與羅香林教授聯合指導）、楊志清先生（左 3，馮平山博物館職員）及中文系秘書羅世略先生（左 4）、陳錦波先生（左 5）、潘用財先生（左 6）道別。

林仰山教授臨別前接受商業電台訪問

林仰山教授榮休，乘船返英，中文系師生在皇后碼頭送行。何沛雄代表商業電台訪問林教授。

羅香林老師手書贈別林仰山教授詩

（圖片由香港大學圖書館提供）

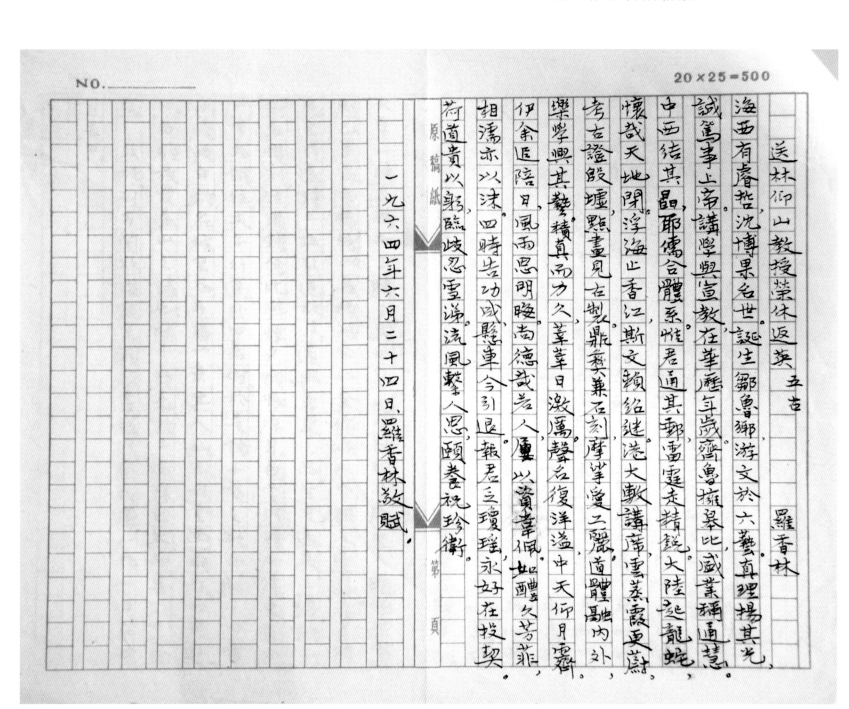

送林仰山教授榮休返英　五古　　羅香林

海西有耆哲，沈博果名世，誕生鄒魯鄉，游文於六藝，真理揚其光，

誠篤事上帝，講學興宣教，壯年應聘來，齊魯擅英比，藏業稱通慧。

中西結其晶，耶儒合體系，惟君通其郵，雷霆走精銳，大陸起龍蛇，

懷哉天地閉，浮海止香江，斯文賴紹述，港大敷講席，雲蒸霞更蔚，

考古證殷墟，點畫見古製，鼎彝兼石刻，摩挲樂二麗，道體驅內外，

樂學興其藝，積真而力久，莘莘日激厲，聲名復洋溢，中天仰月露，

伊余匡陪日，風雨思明晦，尚德哉若人，屢以資韋佩，女醴久芳菲，

相濡亦以沫，臨歧忍雲涕，流風擊人思，頤養祝珍衛。

荷道貴以躬，忍告功成歲，懸車今引退，報君三瓊瑤，永好在投契。

一九六四年六月二十四日，羅香林敬賦。

原稿紙　　第　頁　　20×25=500

1960 年代香港大學中文系辦事處

牟宗三老師撰〈劉百閔先生港大榮休序〉（一）

劉百閔老師（1898－1968），名學遜，以字行，浙江黃巖人。早年師從富陽夏靈峰，復遊於馬一浮之門。後以公費留學日本政法大學及早稻田大學哲學系，畢業回國，任教育部長陳立夫秘書，並先後任南京中央大學、復旦大學、大夏大學、暨南大學教授。抗戰期間，出任中國文化服務社社長。1949 年來港，與錢穆、唐君毅、張丕介等籌建新亞書院，自 1952 年起任教港大中文系，1965 年榮休。此序為牟宗三老師所撰，由饒宗頤老師書冊，羅香林老師題簽，茲據當日拍攝照片存錄。

牟宗三老師撰〈劉百閔先生港大榮休序〉（二）

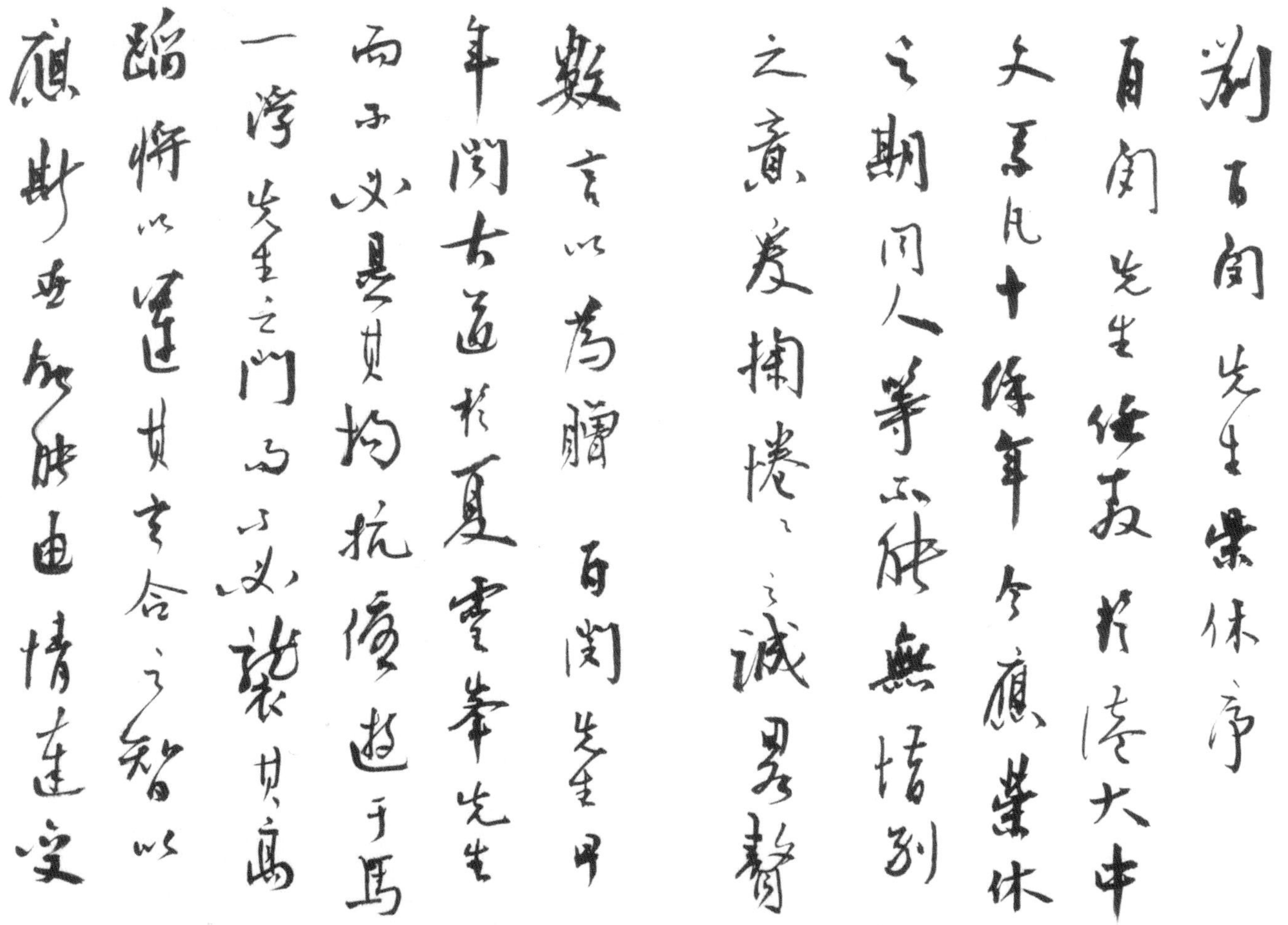

劉百閔先生榮休序

百閔先生任教於港大中
文系凡十餘年今頤養榮休
之期同人等正依依惜別
之意爰掬悃悰，誠異聲

數言以為贈　百閔先生甲
年間古直於夏雲峯先生
而于必是其均抗儷越于焉
一浮先生之門而以諸貝焉
臨怖以逞其志合之智以
顧斯苦勉由情達定

牟宗三老師撰〈劉百閔
先生港大榮休序〉（三）

牟宗三老師撰〈劉百閔
先生港大榮休序〉（四）

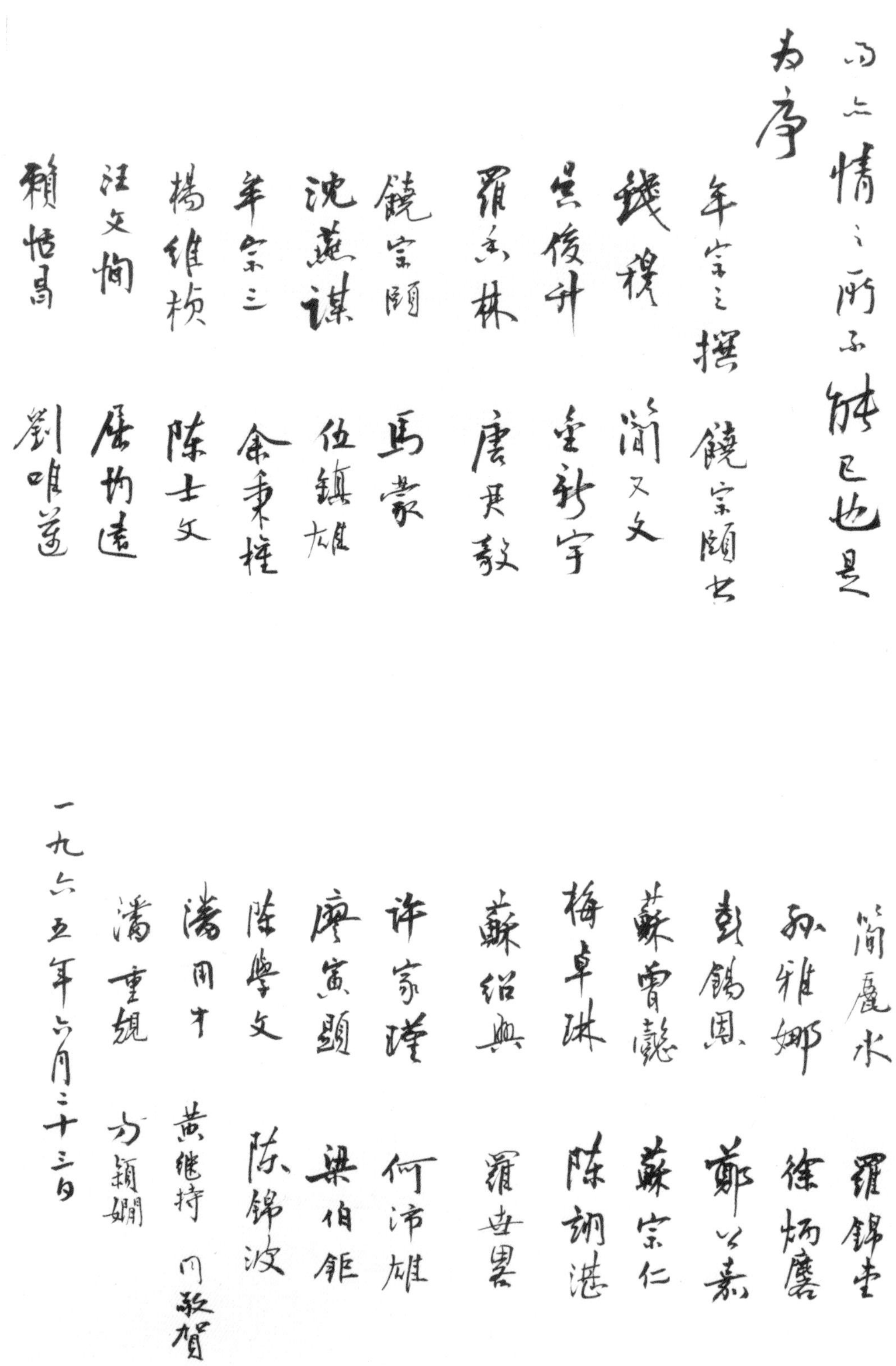

乃亦情之所不能已也是

為序

年宗三撰　饒宗頤書

幾稷　簡又文
吳俊升　金新宇
羅香林　唐君毅
饒宗頤　馬蒙
沈燕謀　伍鎮雄
牟宗三　余秉權
楊維楨　陳士文
汪文恂　屈萬遠
賴恬昌　劉唸遊

簡麗水　羅錦堂
孫雅娜　徐炳麐
彭鶴鵬　鄭以嘉
蘇曾懿　蘇宗仁
梅卓琳　陳朝港
蘇紹興　羅世昱
許家璇　何沛雄
廖寅顥　梁伯錕
陸學文　陳錦波
潘同十　黃繼持
潘重規　為額姍

同敬賀

一九六五年六月二十三日

牟宗三老師撰〈劉百閔
先生港大榮休序〉（五）

1965 年中文學會幹事歡送劉百閔老師榮休留影

左起：1. 陳鑾階、2. 高桂芬、3. 黃兆漢、4. 劉百閔老師。

照片中貽贈劉老師的畫作「國色天香」，由黃兆漢繪畫，高桂芬題字。

1965 年中文學會歡送劉百閔老師榮休茶會留影

第一排左起：1. 中文學會秘書黃兆漢、2. 馬幼垣、3. 何沛雄、4. 中文學會主席陳鑾階、5. 劉百閔老師、6. 羅香林老師、
　　　　　　7. 李輝英先生、8. 楊維楨老師；

第二排右起：2. 黃震遐（現為著名腦科醫生）；

第三排左起：1. 范耀鈞（前任浸會大學副校長）。

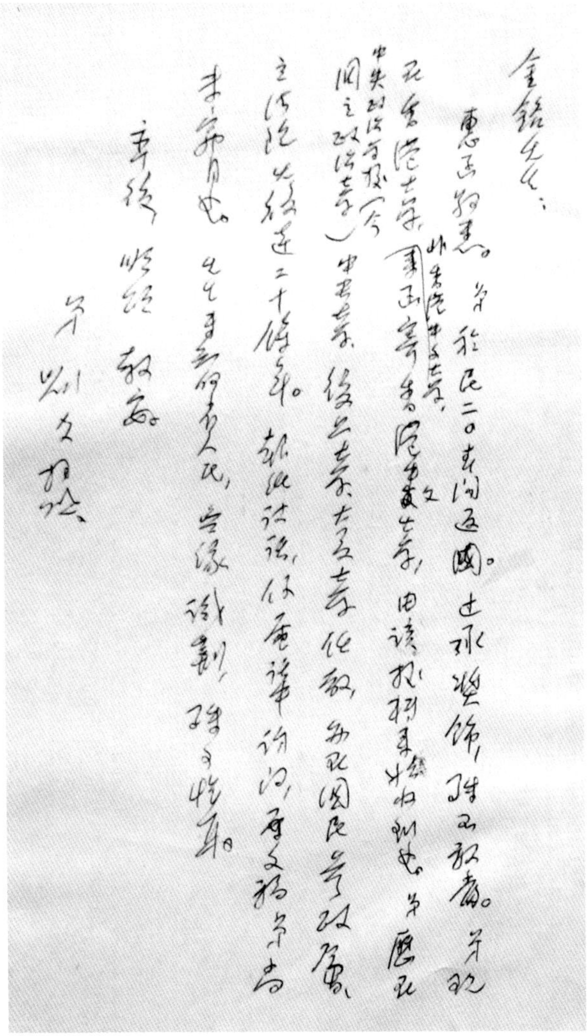

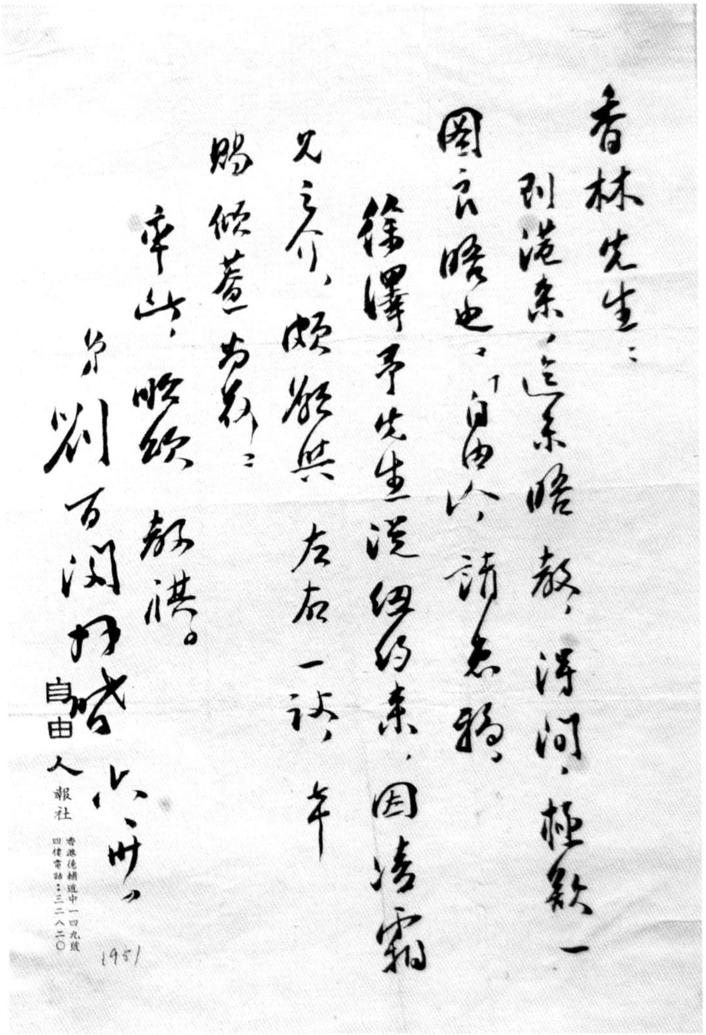

劉百閔老師函札二通

（圖片由香港大學圖書館提供）

1966 年中文系及中文學會春茗團拜

右起（逆時針方向）：1. 李棪、2. 朱倓女士（羅香林夫人）、3. 羅香林老師、4. 馬文輝先生、5. 蔣法賢先生、
6. 賴恬昌先生、7. 楊維楨老師、8. 羅錦堂老師、9. 關少芝、10. 黃兆漢、11. 陳鑾階。

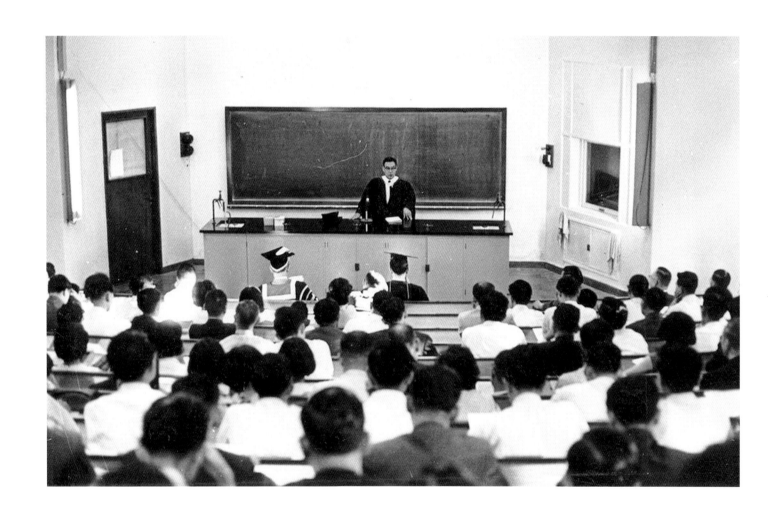

1966 年羅香林老師於化學樓作就任香港大學中文系講座教授演講

羅香林教授約於林仰山教授榮休後半年，晉升講座教授，接任中文系主任。

中文學會祝賀羅香林老師榮晉講座教授茶會合影

前排左起：1. 周東山、2. 黎樹添、3. 范耀鈞；

二排左起：1. 關少芝、2. 高桂芬、3. 羅錦堂老師、4. 黃兆漢、5. 李棪老師、6. 羅香林老師、7. 陳鑾階、8. 楊維楨老師、
　　　　　9. 余秉權老師、10. 莊申老師；

後排左起：5. 文世昌。

中文學會祝賀羅香林老師榮晉講座教授茶會

左起：1. 李棪老師、2. 余秉權老師、3. 羅錦堂老師、4. 莊申老師、5. 楊維楨老師、6. 羅香林老師、7. 黃兆漢。

1966 年中文學會於學生會大樓禮堂送別李棪、羅錦堂兩位老師茶會留影

前排左起：2. 莫壽平、3. 余秉權老師、4. 楊維楨老師、5. 黃兆漢、6. 羅錦堂老師、7. 羅香林教授、8. 李棪老師、9. 牟宗三老師、
　　　　　10. 呂寶英、11. 文世昌、12. 陳燕鈴、13. 曾影靖；

三排左起：3. 李直方、7. 劉潤和、11. 范耀鈞。

楊維楨老師榮休歡送會

1967 年，楊維楨老師（站立發言者）榮休，於歡送會上致謝辭。楊老師曾任張學良家館英文教師、東北大學文學院院長，自 1959 年起於本系任教，講授翻譯，並協助處理系內中英文書翻譯。本系高級學位考試委員以中文撰寫的報告，大多由楊老師譯成英文。

一生萍託水萬事雪侵鬢 維楨 旅食香江十九年矣稟氣塞北

早悲世事之艱就傅潢南徒驚豆萁之急附鮚而還人奮爲莊

嶽之咻循牆而走豈予歆燕臺之賞室翹風雨國步蜩螗風斷

青蒲曲肘愧次山之潔月戴荷鋤折腰無彭澤之亮遽有饕祿

而餘榮不能飛辯以馳術未雨勞心亦已衰矣且驚烽火又墮

破甑八表同昏間關受海隅之塵萬方多難雕蟲愧壯夫之悔

人安巢鳥聊就一枝之栖我慚峨冠徒窺坎井之底快炙背而

美芹實采野聞竊俎豆於賢人難釋畏壘比以委順之年祝不

越樽而代庖心遊之期客乃前席而增寵

邸廚既飽坐仰泛益之康成紫參且頌不遺甕菹之耆李愛我

綢繆實無微而不至思

君醇醪固浼齒而難忘還望疏鐘鳴曉山園許我借窺細雨添

寒高軒幸得側席是則窮敢辭窶時邀

五富之車耄猶思齋共過三徑之誼涼風已起乞

予艮箴明月憂心不我遐棄

楊維楨 謝啓 一九六七年七月一日

楊維楨老師留贈中文系同仁謝啟

1967 年中文系畢業同學於香港大學陸佑堂合照

前排左起：1. 周東山、4. 羅香林教授、5. 黃兆漢、6. 黎樹添。

1968 年中文學會歡送畢業同學

前排左起：1. 胡國賢（羈魂）、2. 馬泰來、4. 黃兆漢、5. 羅忼烈老師、6. 羅香林教授、7. 饒宗頤老師、9. 張曼儀老師。

1969 年師生合照

前排左起：1. 何沛雄老師、2. 黃六平老師、3. 黃兆傑老師、4. 羅忼烈老師、5. 張曼儀老師、6. 馬蒙教授、7. 羅香林教授、9. 方穎嫻老師、
           11. 林天蔚老師、12. 劉唯邁老師。

後排左起：1. 潘用財先生、9. 廖明活、13. 羅世略先生。

1960 年代末師生合照

前排左起：1. 林天蔚老師、2. 何沛雄老師、3. 趙令揚老師、4. 羅忼烈老師、5. 羅香林教授、6. 馬蒙教授、7. 張曼儀老師、8. 方穎嫻老師、9. 黃兆傑老師、11. 劉唯邁老師。

1969 年羅香林教授親擬香港大學中國歷史班考察香港前代史蹟程序（一）

Write your answers on this side only.

香港大學中國歷史班
一九六九年考察香港前代史蹟程序

一. 考察時間：

一九六九年三月十八日（星期二）上午八時四十五分集合，準九時出發，下午六時返抵集合地。

二. 集合地點及交通工具：

此次考察，以九龍新界汽車所能行駛之各處歷史蹟為主。以九龍尖沙咀半島酒店旁西青年會門前為集合地點，各參加人員，須於是日上午八時四十五分前齊集該地點，乘坐租定之任錫五專車。

三. 考察路線及重點：

1. 尖沙咀疏利士巴利道（舊日草排村與香鋪頭在此地區）→ 2. 漆咸道土瓜灣道（舊日土瓜灣村宋帝昰初抵官富場，村民曾至海濱接駕）（灣內小島舊有海心廟今已填為平地）→ 3. 宋皇臺道北帝街（街內原有北帝廟，廟址即宋末二王殿舊址）→ 4. 宋臺公園（在此講述宋王臺原址及二王殿地址問題）→ 5. 嘉林邊道（其西南露明道有上帝古廟舊址）→ 6. 侯王廟及九龍城（廟內有舊碑刻數種叙述楊亮節問題，九龍城內舊有楊太后梳粧石，嘉慶間大礮，及龍津義學遺址）→ 7. 界限街，大埔道，元洲街，東京街 → 8. 李鄭屋村古墓（在此考察古墓形制及出土古物）→ 9. 大埔道，石梨背水塘，沙田，瀝源堡（沿路講述煙墩山即獅子山，及清初遷界事）→ 10. 曾家大屋（在此考山廈圍建築風格）→ 11. 沙田墟市，馬料水，中文大學崇基學院（沿路講述馬料水名稱問題及九肚村之羅昌為人）→ 12. 樟樹

Write your answers on this side only.

瀝源松仔園、大埔滘、大埔新墟（沿路講述有關史蹟）→
13米懷仁街洪興酒樓（在此午膳）→14米大埔舊墟
天后廟（在此並講述子鄧孝子事蹟）→15米船灣布心
排（在此考察大埔海舊日採珠遺蹟）→16米林村（田）
在此考察香樹及放馬埔天后廟）→17，林錦路（沿路
講述凌雲寺史蹟）→18米錦田吉慶圍（在此考察清初建築
風格及講述鄧符協開發岑田村史蹟）→19米坳頭交
加道（在此考察所謂狐狸過水之宋郡馬鄧惟汲墓）→
20，元朗（舊墟有侯王廟及天后廟）→21，屏山（沿路講
述屏山六角塔，廈村鄧氏宗祠，靈渡山靈渡寺）→22米青山
紅樓（在此考察黃花崗之役以前革命志士在新界之遺蹟）及屯門青山遺蹟
→23米青山禪院（在此考察杯渡巖與杯渡和尚石像）
→24，屯門新墟（三聖廟九區山）琵琶洲，掃管笏（沿路
講述有關史蹟）→25米荃灣九咪地（在此考察俗稱
半月照潭之宋鄧旭墓）→26，荃灣街市（沿路講述宋帝昰昺
經行之淺灣山，荃灣三百錢之興漢樓）→27，荔枝角大橋
荔枝角道（沿路講述櫳仔腳芒草山，油蔴地砲壘街有關史蹟）
→28米尖沙咀西青年會門前。

附註：上述路綫，有米號者為須下車之地，其餘俱在車
考察專車經過時指出講述。

四，考察團組織：
　　指導員：羅香林，李君毅，林天蔚
　　總幹事：陳全生，陳淑儀，譚福基
　　考察員：區家慶、陳金鳳、陳觀衡、蔡完兒、蒸惠勵、
　　　　　　朱織疇、朱覺壯、馮旭輝、馮應權、何植榆、
　　　　　　許致賢、閆恒生、閆永華、黎英才、李杏儀、
　　　　　　盧國樑、盧慶星、廖韻文、麥敏珊、單周亮。

1969 年羅香林教授親擬香港
大學中國歷史班考察香港前
代史蹟程序（二）

（上）1969 年羅香林教授親擬香港大學中國歷史班
　　　考察香港前代史蹟程序（三）

（下）羅香林教授在考察途中向同學講解史蹟

中文系同學「香港前代史蹟考察」活動留影

下圖前方穿西裝者為中文系秘書羅世略先生，其後第二人身穿襯衫者為劉潤和。劉潤和日後出任香港政府檔案處處長。

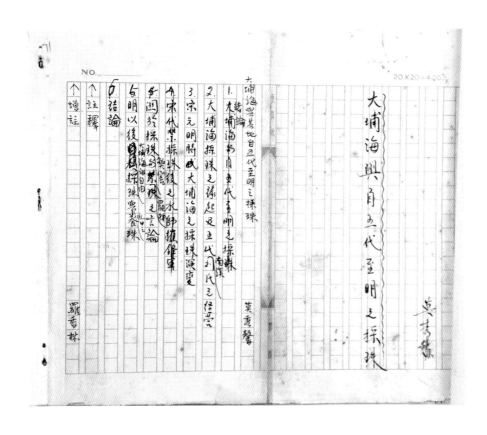

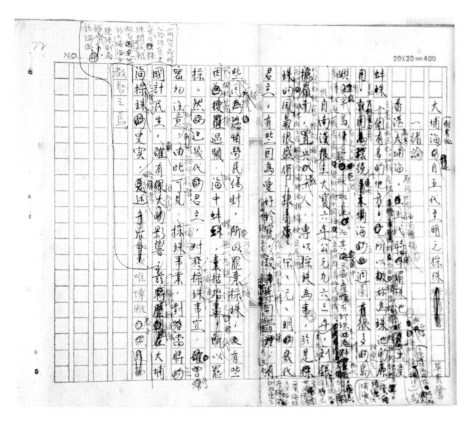

羅香林教授批改莫秀馨作業

作業題為〈大埔海自五代至明之採珠〉。1959 年羅香林教授與莫秀馨等合著《一八四二年以前之香港及其對外交通——香港前代史》，收入莫氏此作。

（圖片由香港大學圖書館提供）

第一版　　　　　文友　　　　　一九七八年五月

文樂印務公司承印
譚臣道一〇五號5C
電話：五一七五二四六五

總編輯：陳健榮
執行編輯：黎炳葉　許廖陳
主理秘助財圖學康出體總
　　　　陳端郭美德必行
誠　　　　　健雄儀仁
顧問：袁懷銘　陳慧玲
席：吳月妙華玲
政：關寶玲
管理術：胡寶基沛生
書版育務：陳鄧端郭劉永陳國
　　　　　　　權

第 2 期　文友

元一教授千古

夢奠兩楹間望門何止三千士

名垂乙部學遺世長留萬卷書

香港大學
中文系同人敬輓

羅元一教授遺像

悼香老、憶風範
——羅元一教授與港大中文系

馬　蒙

這半年來香老很少到中文系來，於是有的同事就提到他的身體不好，可能是工作的負擔太重。當時我聽了雖然有些擔心，但是也並沒有認真地把這件事記在心上，因爲香老工作忙，事必躬親的作風，我原是知道的；至於他的健康，除了血壓高一點，一切似乎都正常，出乎意料地會出甚麼大問題的。今年初，一日，我聽說他進了醫院檢查身體，並且在家休養，特地去給他拜年，和他談了將近一小時，看到他已經致意不錯，很爲他高興。又誰知就是在這次談話後兩個月的時間，我們就永遠失去了他。

香老的逝世不只是他家人親友的損失，門生故舊的損失，更是整個學術文化界的損失，尤其是香大中文系的損失。

香老和港大中文系的關係，開始於一九五一年。那年秋天，香老應聘擔任中文系中國歷史講席，直到一九六八年退休，在這整整十七年間，香老一貫辛勤地著書、教學，寫就了許多鴻篇，造就了不少人材，也領導和維持了此間的學術風氣。特別是在主持系務和擔任講座教授的那幾年，在極其困難的條件下，他一方面根據林仰山教授所制訂的方針，繼續發展了當時港大東方文化研究院的工作。更值得提到的是：港大預科考試開設的中國歷史科，主要是出於香老的倡議和籌劃，而他對於香港歷史和中國族譜的研究，不但是肇開風氣的第一人，也是提出典範成績的第一人。

香老律己極嚴，治學、講學、處事尤其認真——即使是寫一張便條，每一個字他都寫得工工整整，一筆不苟。但是對待朋友和同事，他一向是寬大厚道，應度總是和藹可親，使人願意接近，而他對於學生的愛護和扶掖，更可說是到了有求必應的地步。他在港大任教時是如此，主持系務時是如此，退休以後還是如此。其實，對於他，退休只是一種形式，在實質上，他從來沒有離開過他的工作崗位。

就是在香老退休的前後，由於系內人事的變動和東方文化研究院的改組，香大中文系正面臨一次嚴重的考驗。怎樣維持已有的成果和繼續發展，成爲當時中文系的首要課題。我記得，每天回來擔任每週十多節的課程，指導十幾位研究生，而作爲接任者的我，還不時地要向他請教一些有關系務的問題。他淵博的知識，周密的思考和處處爲人着想的熱誠，是我深深體會到的，而他對於中文系的忠忱和愛護，更是我所不能忘懷的。我和香老共事港大先後二十多年，他給我的幫助和教益是數不盡的，我對他的敬佩和感謝也不是語言所能充份表達的。

現在，香老雖然永遠的離開了我們，但是他的風範和遺愛，仍然長存我們的心中。就讓我們在這裏，誠摯地慰唁和祝福香老的家人吧。

一九七八年五月六日

中文學會 1978 年 5 月出版的《友文》第 2 期封面刊載香港大學中文系同人哀悼羅香林教授逝世的輓聯及馬蒙教授悼念羅香林教授的文章

1970 年代中文系老師與訪客於本部大樓三樓天台合照

左起：1. 劉唯邁老師、2. 羅忼烈老師、3. 黃六平老師、5. 馬蒙教授、6. 楊松年、8. 趙令揚老師、9. 何沛雄老師。

水原渭江與其博士論文指導老師羅忼烈合影

水原渭江為日本著名漢學家水原琴窗哲嗣，其家族世為日本天皇漢學、唐樂老師。水原渭江負笈港大中文系，隨羅忼烈老師攻讀博士學位，於 1976 年提交《南唐後主詞研究》論文，獲授港大哲學博士學位。圖為水原渭江 1983 重訪港大中文系時留影。

左起：1. 水原渭江、2. 羅忼烈老師、3. 何沛雄老師。

1971 年中文系研究生合照

左起：1. 何文匯、2. 楊松年、3. 凌榮添、4. 莫詠賢。

1971年中文系畢業同學謝師宴合照

前排左起：1.劉唯邁老師、2.黃兆傑老師、3.趙令揚老師、4.羅忼烈老師、5.馬蒙教授、6.張曼儀老師、7.方穎嫻老師、9.黃六平老師、10.何沛雄老師、11.林天蔚老師。

香港大學中文系一九七一年畢業生謝師宴合照
愛明攝影　六月十四日

1971 年中文系畢業同學謝師宴

後排左起：2. 馬赤提、3. 羅世略先生、4. 潘用財先生、5. 陳錦波先生、6. 高國治先生。

1972 年中文系師生合照於漢宮大酒樓

前排左起：1. 羅世略先生、2. 馬赤提、3. 劉唯邁老師、4. 何沛雄老師、5. 趙令揚老師、6. 李家鴻（時任中文學會主席）、

7. 方穎嫺老師、8. 張曼儀老師、9. 金發根老師、10. 林天蔚老師；

三排右起：1. 陳錦波先生、2. 潘用財先生；

後排左起：1. 謝錫金、2. 高國治先生、9. 何江顯。

趙令揚老師與 1973 － 1974 屆同學合照

左起：1. 梁操雅、2. 林秀珍、3. 丁新豹、4. 陳少棠、5. 趙令揚老師、6. 曾繁湘、7. 彭學強、8. 鄭啟泰。

1974 年師生合照於本部大樓三樓天台

第二排左起：2. 方穎嫻老師、3. 張曼儀老師、4. 何沛雄老師、5 馬蒙教授、6 黃兆漢老師、7. 車潔玲老師、8. 金發根老師。

1974 年中文學會舉辦「迎春閣之風波」電影籌款晚會

左起：3. 影星馬海倫小姐、4. 胡金銓導演、5. 馬蒙教授、6. 影星白鷹先生、7. 影星喬宏先生。

1970 年代中文系師生聚餐

左起：1. 何沛雄老師、5. 中文學會主席陳玉楷（1974－1975 年度）、6. 羅忼烈老師、7. 馬蒙教授。

1976 年中文系謝師宴

前排左起：3. 岑建成、5. 陳玉楷、6. 陳慶源、7. 王權、8. 黃志坤、9. 趙德彰；

二排左起：1. 林天蔚老師、2. 黃兆傑老師、3. 車潔玲老師、4. 張曼儀老師、5. 方穎嫻老師、6. 馬蒙教授、7. 羅忼烈老師、8. 何沛雄老師、
　　　　　9. 金發根老師、10. 趙令揚老師、11. 陳耀南老師、12. 單周堯老師；

三排左起：2. 梁惠多，右起：1. 胡燕霞；

四排左起：4. 吳彩霞、5. 李源柔、6. 梁慕玲、7. 趙珊、8. 梁煒徽，右起：1. 何冠彪、2. 陳志坤；

五排左起：1. 陳鴻遠、2. 梁保民、6. 陳麗音，右起：1. 吳呂南、2. 劉榮輝、5. 鄧昭祺、6. 江關生。

1976 年師生合照於本部大樓三樓天台（一）

第三排左起：1. 張曼儀老師、2. 方穎嫻老師、3. 溫健騮老師、4. 車潔玲老師、5. 馬蒙教授、6. 羅忼烈老師、7. 金發根老師、8. 陳耀南老師、9. 單周堯老師。

1976年師生合照於本部大樓三樓天台（二）

前排左起：1.張曼儀老師、2.方穎嫻老師、3.溫健騮老師、4.車潔玲老師、5.馬蒙教授、6.羅忼烈老師、7.金發根老師、8.陳耀南老師、9.單周堯老師。

1976 年中文學會舉辦「中國週」活動

1976 年中文學會「文化周」公演話劇「關漢卿」（一）

演出人員與顧問胡金銓導演合照。

前排左起：1. 胡金銓導演、2. 韋玉嫻；

後排左起：1. 胡國偉、2. 陳焯標、3. 張金善。

1976 年中文學會「文化周」公演話劇「關漢卿」（二）

演員及前後台人員於陸佑堂演出後合照。

1977 年中文系師生於本部大樓三樓天台合照

前排左起：1. 林天蔚老師、2. 余丹老師、3. 方穎嫻老師、4. 張曼儀老師、5. 馬蒙教授、6. 羅忼烈老師、7. 何沛雄老師、
8. 金發根老師、9. 趙令揚老師、10. 單周堯老師。

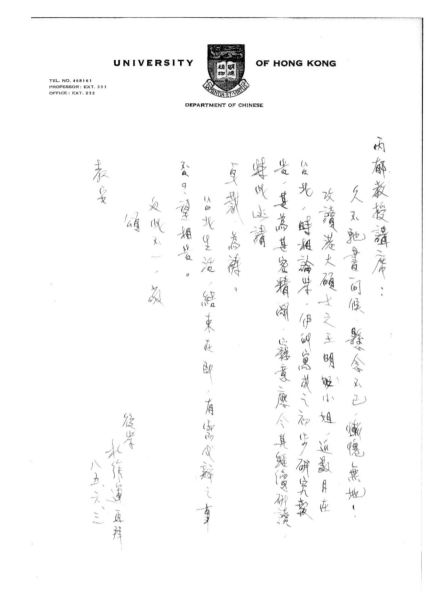

杜維運老師致何丙郁教授函

杜維運老師原任教臺灣大學歷史系，自 1977 年應聘任教本系，直至 1988 年榮休。

杜維運老師與中文系舊生合照

2002年，本系舉辦「明清國際學術研討會」，已榮休的杜老師撥冗赴會，席間與曾修讀其課程的舊生合照。

前排左起：1. 李焯然博士、2. 杜維運老師、3. 孫雅明女士（杜維運大人）、4. 鄭吉雄教授；

後排左起：1. 梁紹傑老師、2. 陳國球教授、3. 馮錦榮老師。

圖中李焯然、梁紹傑、陳國球均為杜老師在港大中文系講授近三百年學術史的首批學生。

1977 年中文系同學冬季旅行

左起：1. 喬孝忠、2. 譚少英、3. 馬麗英、4. 盧綺華、5. 王俊秀、6. 曾澤民、7. 何詠雄。

1978 年翻譯班上課情形

攝於本部大樓，第二排右 1 為照片提供者王宏志。

1977 年中文系同學郊遊留影

前排左起：2. 劉瑞儀、3. 胡燕青；

後排左起：1. 李焯然、2. 鍾茂華、3. 沈宜、4. 何詠雄、5. 黃天任、6. 梁安麗、7. 尹保強、8. 張威達、9. 丁傑忠、10. 梁慶炳。

**1978 年畢業同學於中文學院八十周年慶典合照
（攝於灣仔香港會議展覽中心）**

前排左起：1. 蕭偉強、2. 陳焯標、3. 梁紹傑、4. 賴嘉年、5. 梁慶炳；

後排左起：2. 趙令揚教授、4. 杜耀明、5. 沈宜、6. 尹保強、7. 陳國球、8. 梁安麗、10. 李慶生。

1978 － 1979 屆同學合照

前排左起：1. 黃進春、2. 容世誠、3. 伍東揚；後排左起：1. 曾澤民、2. 布嘉良、3. 喬孝忠、4. 梁寶琛。

1978 年中文系師生合照於本部大樓三樓天台

前排左起：1. 陳耀南老師、2. 張曼儀老師、3. 余丹老師、4. 羅忼烈老師、5. 馬蒙教授、6. 趙令揚老師、7. 杜維運老師、

　　　　8. 陳炳良老師、9. 單周堯老師、10. 何沛雄老師、11. 方穎嫻老師；

後排左起：1. 丁傑忠、2. 鍾茂華、3. 李焯然、4. 馮凱榮、6. 雷武鐸、9. 梁潤德、10. 伍月娥、11. 黃天任。

1979 年師生合照於本部大樓三樓天台

前排左起：1. 何沛雄老師、2. 張曼儀老師、3. 馬蒙教授、4. 羅忼烈老師、5. 趙令揚老師、
6. 金發根老師、7. 單周堯老師。

1970 年代方言學專家詹伯慧教授訪問中文系

詹教授後為本系名譽教授,任教文學碩士課程。

左起:1. 單周堯老師、2. 陳耀南老師、3. 詹伯慧教授、4. 羅忼烈老師。

1979 － 1980 年度中文學會旅行

香港大學中文學會金禧開幕禮

1980 年中文學會金禧紀念開幕禮，中文學會創會主席馮秉芬爵士應邀主禮。

左起：1. 蔡玉嫦、2. 黃麗松校長、3. 容世誠、4. 馮秉芬爵士、5. 馬蒙教授、6. 趙令揚老師、7. 關伯強。

1980 年畢業班合照

第二排左起： 1. 陳耀南老師、2. 張曼儀老師、3. 余丹老師、4. 羅忼烈老師、5. 馬蒙教授、6. 趙令揚老師、7. 杜維運老師、8. 陳炳良老師、
9. 單周堯老師、10. 何沛雄老師、11. 方穎嫻老師。

1981 年馬蒙教授榮休前與助教合照

左起：1. 王宏志（現任教香港中文大學）、2. 陳遠止（曾任教本學院）、3. 容世誠（現任教新加坡國立大學）、4. 江偉萍（曾任教香港理工大學）、5. 馬蒙教授、6. 麥淑儀（曾任教本學院）、7. 楊玉峰（現任教本學院）、8. 李焯然（現任教新加坡國立大學）。

1981 年馬蒙教授榮休晚宴（一）

前排左起：1. 江偉萍、2. 麥淑儀、4. 曾繁湘、5. 黎活仁老師、6. 李焯然、7. 楊玉峰、8. 顏婉雲女士、9. 梁操雅、11. 李家樹老師；

二排左起：1. 章群老師、2. 龐德新博士、3. 羅忼烈老師、4. 羅忼烈夫人、5. 李鍔博士、6. 柳存仁教授、7. 馬蒙教授、8. 饒宗頤老師、12. 簡麗冰博士、13. 趙令揚老師；

三排左起：1. 黃兆傑老師、2. 王煜教授、3. 羅世略先生、4. 方穎嫻老師、5. 杜維運老師、6. 陳遠止、7. 吳慧玲、9. 盧瑋鑾（小思）、10. 車潔玲老師、11. 張曼儀老師、12. 馮以浤先生、14. 金發根老師、17. 何冠彪、18. 王玉棠博士、19. 何沛雄老師、21. 黃志坤、22. 劉唯邁館長、23. 楊春棠、25. 黃兆漢老師、26. 高國治先生、27. 黎樹添先生；

四排左起：1. 李直方先生、3. 陳炳良老師、4. 陳耀南老師、5. 吳業立先生、6. 楊國雄先生、7. 潘用財先生、8. 陳錦波先生、9. 林天蔚老師、10. 鄧昭祺醫生、11. 彭健威、12. 張雲樵先生、13. 單周堯老師、14. 廖明活老師、15. 容世誠、16. 凌榮添、17. 劉潤和博士、18. 賴松偉、19. 王宏志。

1981 年馬蒙教授榮休晚宴（二）

左起： 1. 杜維運老師、2. 章群老師、3. 王煜教授、4. 馮以浤先生、5. 車潔玲老師、6. 顏婉雲女士、7. 方穎嫻老師、
　　　 8. 潘用財先生、9. 凌榮添、10. 陳耀南老師、11. 單周堯老師。

馬蒙教授（右）、何丙郁（左）教授合照

馬蒙教授於 1981 年榮休，何丙郁教授接任系主任。何教授為蜚聲國際的中國科技史專家，後當選中央研究院院士，並曾任英國劍橋大學李約瑟研究所所長。

1981 － 1982 年度中文學會幹事合照

前排左起：1. 陳偉智、2. 郭乃明、3. 黃衛玲、4. 白雲開；

後排左起：1. 邵國銘、2. 梁偉文（林夕）、3. 林建平、4. 鮑國鴻。

黃霑、林燕妮與趙令揚老師、黃兆漢老師合照

攝於 1982 年陸佑堂畢業典禮，黃霑為是屆碩士畢業生。

左起：1. 林燕妮、2. 黃兆漢老師、3. 趙令揚老師、4. 黃霑。

本系老師與余光中教授合照

左起：1. 陳炳良教授、2. 余光中教授、3. 鍾玲老師、4. 何沛雄老師。

呂元驄

1985 年師生籃球友誼賽

前排左起：1. 柳偉德、2. 朱劍虹、3. 林廣輝、4. 陳錦泉、5. 楊永安、6. 蔡景輝；

後排左起：1. 文灼非、2. 黃江霖、3. 譚家輝、4. 曹裕強、5. 容世誠、6. 王宏志、7. 陳偉明、8. 葉志榮、9. 陳偉智、10. 曹光明、11. 楊玉峰。

1985 年謝師宴師生合照

第二排左起： 1. 廖明活老師、2. 何冠彪老師、3. 金發根老師、4. 黃兆漢老師、5. 陳耀南老師、6. 陳炳良老師、
7. 陳學霖教授、8. 何丙郁教授、9. 趙令揚教授、10. 方穎嫻老師、11. 黎活仁老師、12. 單周堯老師、
13. 李家樹老師、14. 車潔玲老師。

1985－1986 年度中英文系合辦翻譯班老師留影

前排左起：1. 盧仲衡老師、2. 車潔玲老師、3. 梁秉鈞老師（也斯）、4. 黎翠珍老師、5. 黃兆傑老師、6. 王宏志老師、7. 鄧沛光老師。

1986 年中文學會假陸佑堂舉辦春茗

左起：1. 車潔玲老師、2. 王宏志老師、3. 劉智鵬、4. 梁偉文（林夕）。

呂叔湘教授訪問中文系

前排左起：1.何丙郁教授、2.呂叔湘教授；

後排左起：1.單周堯老師、2.陳耀南老師、3.繆錦安博士、4.侯精一教授。

1987 年何丙郁教授歡送會

左起： 1. 劉智鵬、2. 陳永明、3. 白雲開、4. 何沛雄老師、5. 黃兆傑老師、6. 何丙郁老師、7. 單周堯老師、8. 劉詠聰、9. 李雄溪、
10. 馮瑞龍。

1987 年中國現代文學作家團訪問中文系

站立者左起：4. 葉君健先生、8. 蕭軍先生、16. 單周堯老師、17. 王宏志老師。

1988 年畢業同學與老師合照

前排左起：1. 陳耀南老師、2. 單周堯老師、3. 何沛雄老師、4. 黃兆漢老師；

後排左起：1. 藍列冰、2. 區君儀、3. 戴卓華、4. 陳惠英、5. 金彬彬、6. 唐麗貞、7. 周業珍、8. 鄧轉、9. 李玉媚、

10. 唐敏明、11. 李綺媚。

1989 － 1990 年度中文學會舉辦「預科行動」講座

後排左起：6. 楊永安老師、8. 中文學會主席劉慰平。

1989 年中文系老師訪問臺灣

左起：1. 楊永安老師、2. 曾影靖女士（黃兆漢夫人）、3. 黃兆漢老師、4. 陳耀南老師、5. 何佑森教授、6. 何佑森夫人。

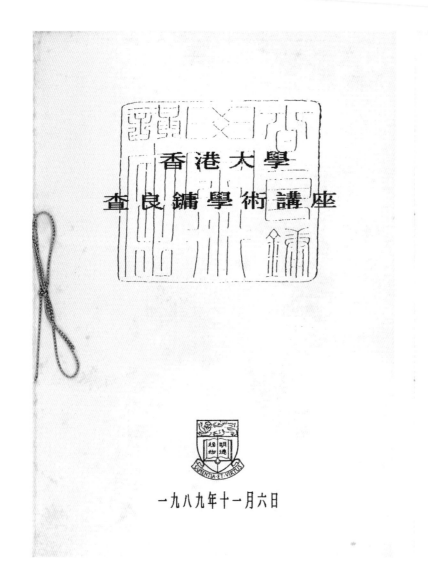

為弘揚中國學術文化獻一瓣心香
——從杜維明教授主持香港大學
"查良鏞學術講座"首次演講談起

香港大學中文系系主任 趙令揚

　　美國哈佛大學中國歷史及哲學講座教授杜維明博士應邀蒞臨港大，主持香港大學"查良鏞學術講座"首次演講，講題為＜民主與市民社會＞。這次由"香港大學查良鏞學術講座委員會"主辦的盛會，全賴"查良鏞學術研究基金"贊助，可說是社會人士熱心獎掖文教的具體表現。社會人士和學者的結合，為弘揚中國學術文化，再一次獻上一瓣心香。

　　"查良鏞學術研究基金"於一九八八年由查良鏞博士捐助成立，以發揚中國傳統學術文化和促進中西文化交流為主要的工作綱領，並首多次贊助這兩方面的研究計劃和刊物出版，以及其它相關的講座、國際研討會等，而主辦"查良鏞學術講座"，也就是這個學術研究基金的重點活動。

　　"查良鏞學術講座"每年舉辦三次，邀請海內外著名學人主持；兩次以中國傳統學術文化為題，另一次則是中西文化交流的專題學術演講。

　　查良鏞博士從事文學、小說創作多年，他的武俠小說三十年來在世界各地的華人社會裏風靡一時，是現代中國文學最為人愛讀的作品之一。他創辦了日銷數十萬份、在社會深具影響力的明報；素為讀者推崇的"明報社評"，也多出自他的手筆。除了從事文學及商業活動外，還先後出任廉政專員公署社區關係市民諮詢委員會、發展中文基金會工作小組、法律改革委員會的委員。透過公共服務、小說創作及政治評論，查博士對香港社會的發展，實在貢獻良多。他本"取諸社會，用諸社會"的精神，也因為對中國傳統學術文化自始至終有一份深厚的敬意，所以孜孜不倦致力於推廣中國學術文化的事業，捐助成立"查良鏞學術研究基金"，只是眾多推廣事業的其中一項而已。

1989年「查良鏞學術講座」首講場刊

1988年，查良鏞先生捐款，於香港大學設立「查良鏞學術基金」，以發揚中國傳統學術及促進中西文化交流。本系獲此項基金贊助，舉辦「查良鏞學術講座」，1989年11月6日首次邀請美國哈佛大學中國歷史及哲學講座教授杜維明主講，往後相繼邀請王世襄、裴達禮（Hugh Baker）、柳存仁、杜德橋（Glen Dudbridge）等學者主講。

柳存仁教授演講留影

1991 年 12 月 4 日，中文系假本部大樓 M 7 講室舉行第三屆「查良鏞學術講座」，邀請澳洲國立大學柳存仁教授以「《紅樓夢》的舊本」為題作公開演講。

霍克斯教授、黃兆傑老師、潘漢光老師合照

黃兆傑老師早年負笈牛津大學，師承英國漢學家霍克斯（David Hawkes）教授。潘漢光老師為黃老師門生。

圖為 1990 年三人同遊長洲合照。

黃兆傑老師（左）、霍克斯教授（中）、潘漢光老師（右）。

1990 年中文學會迎新營

1991 年中文學會國內交流團

中排左起第三人為是屆中文學會主席陳定文。

1992 年中文學會步行籌款師生合照

左起：1. 馮錦榮老師、3. 方穎嫻老師、4. 潘漢光老師。

1992 年中文學會陸佑堂春茗（一）

左起：1. 黃兆傑老師、2. 趙令揚教授。

1992 年中文學會陸佑堂春茗（二）

左起：1. 黃兆傑老師、2. 方穎嫻老師、3. 張曼儀老師。

1992 年中文學會台港交流團（一）

1992 年中文學會台港交流團（二）

圖中講者曾永義教授曾應聘本系客座講席，講授中國文學。

中文系參與籌辦「第三十四屆亞洲及北非洲研究國際學術會議」

1993 年 8 月 22－28 日，香港大學主辦「第三十四屆亞洲及北非洲研究國際學術會議（34th International Congress of Asian and North African Studies）」。本系在趙令揚教授領導下，積極參與是次會議的籌辦工作。此照攝於 8 月 23 日香港文化中心。

左起：1. 王賡武校長、2. 署理港督霍德爵士（Sir David Robert Ford）、3. 趙令揚教授（大會會長）。

1993 年 8 月 23 日《明報》刊登
「第三十四屆亞洲及北非洲研究國際學術會議」報道

「第三十四屆亞洲及北非洲研究國際學術會議」於香港舉行，為本地學術盛事，備受傳媒關注。《明報》詳盡刊載大會日程、贊助人香港總督彭定康（Christopher Francis Patten）先生賀辭及本校王賡武校長獻辭中文譯本。

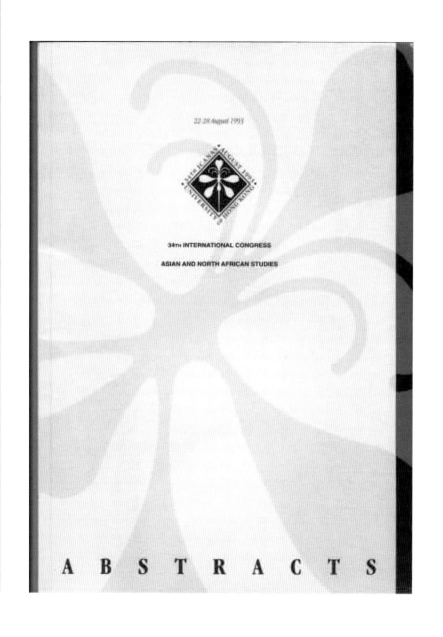

《第三十四屆亞洲及北非洲研究國際學術會議論文提要》

是次會議包括十個大型研討會、二百多個專題小組、宣讀學術論文超過一千三百篇。大型研討會主題包括：1.「中國踏進二十一世紀的門檻」；2.「自由主義與民族主義：東亞公民社會發展停滯不前的因素」；3.「亞洲與非洲文化中性別認識的建構」；4.「佛教與佛學研究」；5.「敦煌研究」；6.「絲綢之路研究」；7.「以中國、香港為中心的亞洲音樂」；8.「亞洲科學技術史」；9.「珠江三角洲：潛力與機會」；10.「東方圖書館管理學專家國際協會第九次大會」。

「第三十四屆亞洲及北非洲研究國際學術會議」舉行期間趙令揚教授
與山本達郎教授（大會榮譽會長）、池田溫教授合照於演藝學院會場

趙令揚教授（左）、山本達郎教授（中）、池田溫教授（右）

胡厚宣教授訪問中文系

左起：1. 常宗豪教授、2. 饒宗頤教授、4. 胡厚宣教授、5. 單周堯老師。

1993 年中文學會迎新營

1993 年中文學會文化周

劉渭平教授主講「漫談中國書法」並即席揮毫。

1993 年中文學會中港交流團

1994 年金發根老師榮休歡送會

金發根老師與研究生合照。左起：1. 黃麗梅、2. 陳志明、3. 金發根老師、4. 黃啟華。

1994 年黃然偉老師歡送會

黃然偉老師曾任教澳洲國立大學，1992 年任本系客席講師。

左起：1. 黃然偉老師、2. 單周堯老師。

方穎嫻老師、張曼儀老師與研究生陳少紅（洛楓）合影

左起：1. 張曼儀老師、2. 陳少紅、3. 方穎嫻老師。

1994 年羅忼烈老師獲頒榮譽博士

左起：1. 徐詠璇女士、2. 黃嫣梨博士、3. 單周堯老師、4. 何沛雄老師、6. 羅忼烈老師、7. 李焯芬教授、9. 文灼非先生。

1994 年中文學會陸佑堂春茗

1995 年趙令揚教授獲香港大學頒授長期服務獎

左起：1. 羅世略先生、2. 馬幼垣老師、3. 單周堯老師、4. 趙令揚教授、5. 李家樹老師、6. 潘漢光老師。

1995 年中國歷史科主修同學謝師宴

前排左起：1. 許振興老師、2. 何冠彪老師、3. 廖明活老師、4. 趙令揚教授、5. 廖日榮老師、
6. 楊永安老師、7. 馮錦榮老師。

1995 年中文學會單車籌款

左起：9. 單周堯老師、10. 楊玉峰老師、11. 馮錦榮老師、14. 蕭敬偉。

1995 年中文系教職員合照於本部大樓三樓天台

前排左起：1. 李家樹老師、2. 單周堯老師、3. 馬幼垣老師、4. 何沛雄老師、5. 趙令揚教授、6. 黃兆傑老師、7. 方穎嫻老師、8. 余丹老師、9. 黃兆漢老師；

後排左起：1. 楊永安老師、2. 潘漢光老師、3. 黎活仁老師、4. 馮錦榮老師、5. 何冠彪老師、6. 廖明活老師、7. 陳萬成老師、8. 楊玉峰老師、9. 梁紹傑老師、10. 許振興老師、11. 羅世略先生。

1996 年何沛雄老師榮休聚餐（一）

左起：1. 何沛雄老師、2. 單周堯老師、3. 丁善雄教授（筆名林綠，時為本系客座教授）、4. 趙令揚教授。

1996 年何沛雄老師榮休聚餐（二）

左起：1. 馮錦榮老師、2. 盧仲衡老師、3. 鄧昭祺老師、4. 何冠彪老師、5. 孫慧玲老師、6. 施仲謀老師。

1996 年何沛雄老師榮休聚餐（三）

左起：1. 鄭雅麗老師、2. 謝耀基老師、3. 楊永安老師、4. 許振興老師、5. 馮錦榮老師。

1997－1998 年度中文學會北京交流團

1997 年香港大學開放日

訪客於本部大樓中文系會議室觀賞老師著作。

1997 年中文系七十周年系慶宴會（一）

趙令揚教授致辭。

1997 年中文系七十周年系慶宴會（二）

左起：1. 黃兆傑老師、3. 魯惟一（Michael Loewe）教授、4. 趙令揚教授。

1990 年代中國語文學部老師合照

前排左起：1. 廖日榮老師（中文增補課程）、2. 單周堯老師、3. 趙令揚教授、4. 李家樹老師；

二排左起：1. 孟素老師、2. 施仲謀老師、3. 潘惟愉老師、4. 張菊鳳老師、5. 楊玲老師、6. 李北達老師、7. 劉鈺老師。

2000 年「紀念敦煌藏經洞發現一百周年敦煌學國際研討會」晚宴後馮錦榮老師與研究生合照

左起：1. 馮錦榮老師、2. 陳淑彬、3. 李倩卿；右起：1. 邱逸、2. 蕭敬偉、3. 郭必之、4. 蔡瑪莉；

中間左排上起：1. 張克宏、2. 何一藝、3. 潘漢芳；

中間右排上起：1. 張美足、2. 林宇珊、3. 岑靜雯。

2001 年中文學會春茗

右起（順時針方向）：1. 馮錦榮老師、2. 潘漢光老師、3. 謝耀基老師、4. 楊玉峰老師、5. 楊永安老師、
6. 何文匯教授、7. 李家樹老師、8. 陳遠止老師、9. 單周堯老師、10. 周錫䪖老師、11. 黎活仁老師。

慶祝香港大學創校九十周年「明清國際學術研討會」與會者合照

是次研討會由中文系主辦，於 2001 年 4 月 27－29 日舉行，照片攝於會議首天。由於人數眾多，恕未能全數開列。

主辦單位：查良鏞教授（大會贊助人〔前排左 6〕）、李焯芬教授（大會主禮嘉賓〔前排左 7〕）、趙令揚教授（大會主席〔前排左 5〕）、單周堯老師（中文系主任〔前排左 8〕）、梁紹傑老師（大會秘書〔二排左 2〕）。

出席學者：劉重日教授（前排左 1）、張顯清教授（三排右 7）、張德信教授（三排右 3）、林金樹教授（二排左 11）、商傳教授（後排右 4）、南炳文教授（三排右 4）、毛佩琦教授（二排左 10）、萬明教授（二排右 6）〔以上中國社會科學院及中國明史學會〕；周積明教授（後排右 9）〔湖北大學〕；喬志忠教授（二排右 6）、李小林教授（三排右 2）〔以上南開大學〕；曹國慶教授（二排右 11）〔江西大學〕；陳春聲教授（後排右 7）、桑兵教授（三排右 1）〔以上中山大學〕；冷東教授（後排右 5）〔廣州大學〕；陳捷先教授（前排右 2）、朱鴻教授（三排右 9）〔以上臺灣〕；陳學霖教授（前排右 5）、朱鴻林教授（三排右 9）、馬楚堅博士（二排左 1）、馮錦榮老師（二排右 1）〔以上香港〕；Professor Kenneth J. Hammmond（前排左 3）〔美國〕；費雪克教授（Carney T. Fisher）（前排左 3）〔澳大利亞〕；李焯然博士（二排右 5）、李志賢博士（二排左 3）、容世誠博士（三排右 4）〔以上新加坡〕。

2003 年黃兆傑老師榮休歡送會（一）

前排左起：1. 陳以信、2. 周錫馥老師、3. 何沛雄老師；

後排左起：1. 陳萬成老師、2. 施仲謀老師、3. 余丹老師、4. 曹薇、5. 孫慧玲老師、6. 黃兆傑老師。

2003 年黃兆傑老師榮休歡送會（二）

左起：1. 孫慧玲老師、2. 施仲謀老師、3. 何偉幟老師、4. 黃俊賢。

2005 年余丹老師榮休歡送會

前排左起：1. 馮碧珊女士（辦事處職員）、2. 余丹老師、3. 單周堯老師；

後排左起：1. 廖明活老師、2. 謝耀基老師、3. 吳雅珊老師、4. 馮穎芝女士（辦事處職員）、5. 曹薇、

      6. 陳以信、7. 楊永安老師、8. 何偉幟老師。

2008 年中文學院開放日

右起：1. 施仲謀老師（文學院副院長）、2. 沈德祥先生（文學院院務主任）、3. 雷金慶教授（文學院院長）、
4. 楊玉峰老師（中文學院署理主任）。

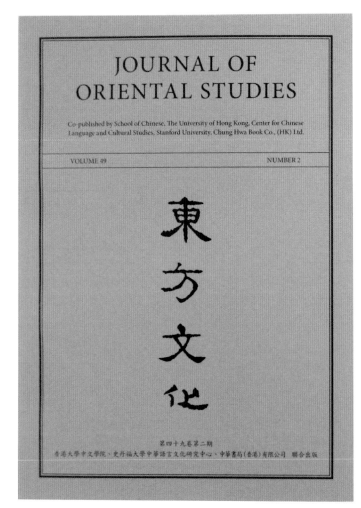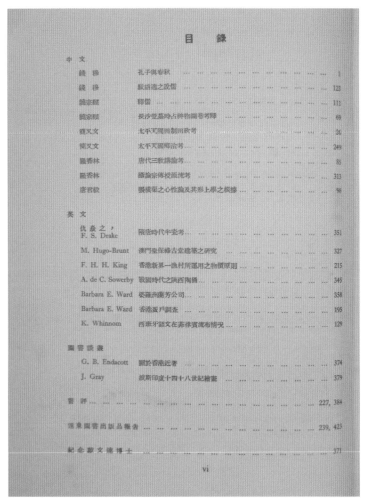

《東方文化》第一卷目錄及第四十九卷第二號封面

1954 年創刊之《東方文化》，至今已出版四十九卷，為本港歷史最悠久且具國際地位之學報，原由港大中文系東方文化研究院出版，其間中文系老師一直擔任該刊編輯，並為撰稿。自第三十八卷起，則改由中文系與史丹福大學中華語言文化研究中心聯合出版。

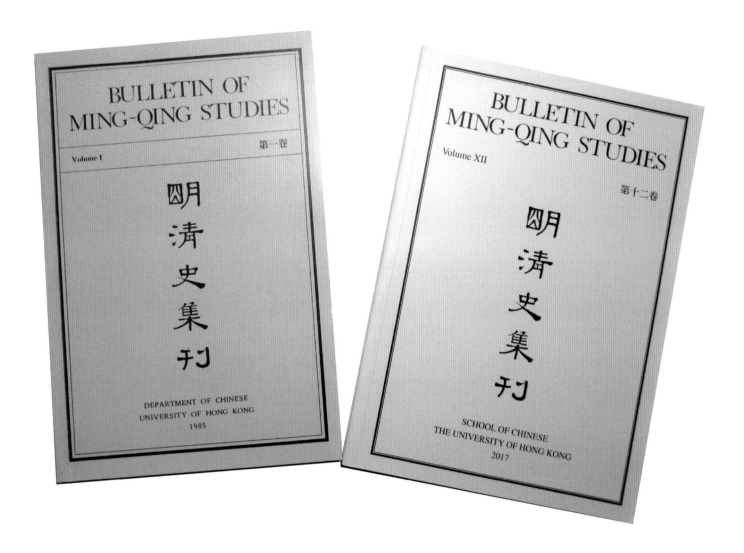

《明清史集刊》第一卷及第十二卷封面

1985 年創刊之《明清史集刊》，至今已出版十二卷，專載研究明清時期文、史、哲各範疇的學術論文。

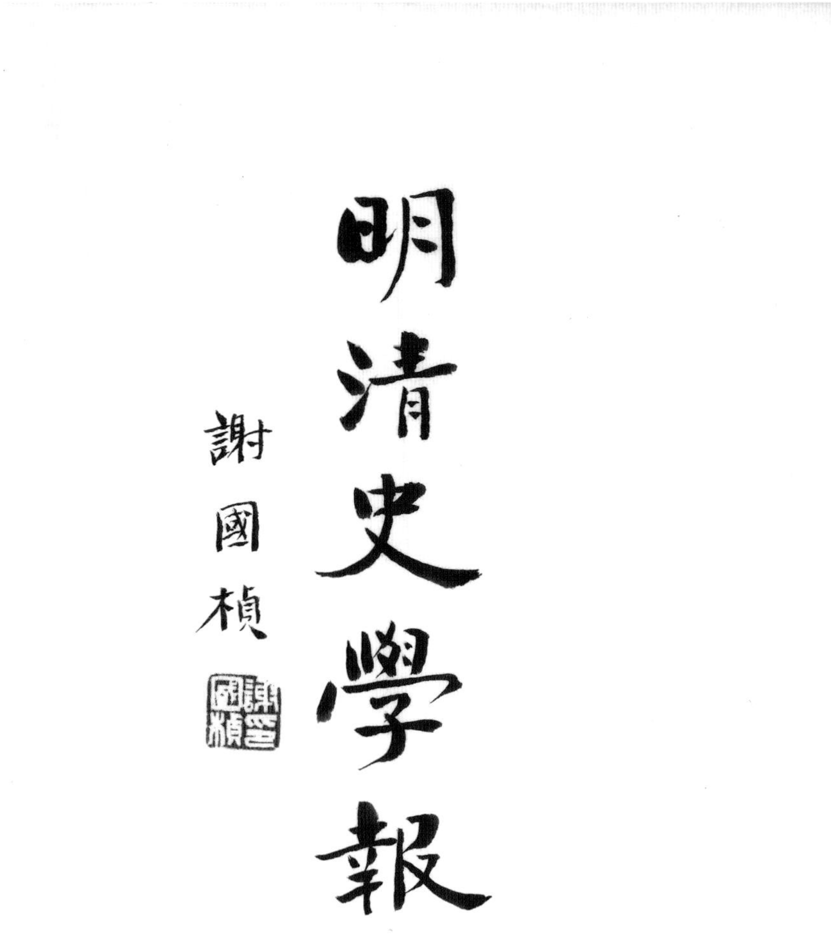

明清史學報

謝國楨

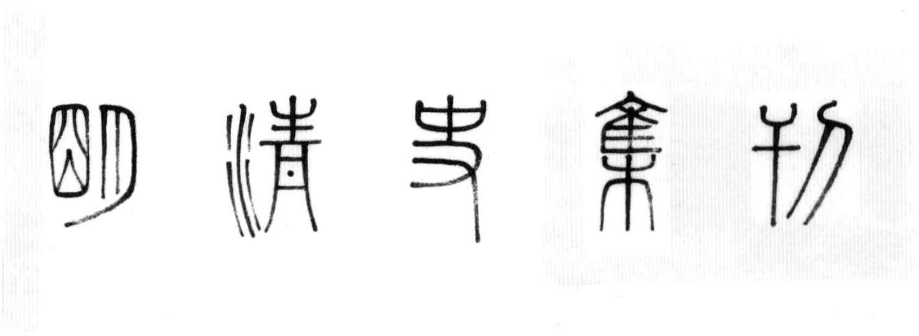

明清史集刊

《明清史集刊》謝國楨教授題簽

2017 年中文學院本部教職員合照

前排左起：1. 吳雅珊老師、2. 林姵吟老師、3. 鄧佩玲老師、4. 吳存存教授、5. 楊彬彬老師、6. 孫雅玲女士（辦事處職員）、7. 彭嘉儀女士（辦事處職員）、8. 酈美蘭女士（辦事處職員）、9. 酈養好女士（辦事處職員）、10. 鄧曉盈女士（辦事處職員）；

二排左起：1. 鄧思陽先生（辦事處職員）、2. 宋耕老師、3. 錢志熙教授、4. 魏寧（Nicholas Morrow Williams）老師、5. 陳永明老師、6. 余文章老師、7. 李忠慶老師、8. 潘漢光老師、9. 鄧小虎老師、10. 許嘉禮先生（辦事處職員）；

後排左起：1. 許振興老師、2. 蔡崇禧老師、3. 馮錦榮老師、4. 宋剛老師、5. 楊文信老師、6. 蕭敬偉老師、7. 柯夏智（Lucas Robert Klein）老師、8. 黃俊賢老師、9. 謝耀基老師。

2017 年中文增補課程教職員合照

前排左起：1. 劉淑貞老師、2. 孔碧儀老師、3. 麥淑儀老師、4. 吳存存教授、5. 施志咏老師、6. 林宇珊老師、7. 潘漢芳老師；

二排左起：1. 林秀群女士（辦事處職員）、2. 林雅茵女士（辦事處職員）、3. 吳淑雯女士（辦事處職員）、4. 蘇耀宗老師、5. 盧仲衡老師、6. 陳志明老師；

後排左起：1. 于昕老師、2. 陳熾洪老師、3. 林漢成老師、4. 林光泰老師、5. 廖舜禧老師、6. 黃毓棟老師、7. 何偉幟老師。

2017 年漢語中心教職員合照

前排左起：1. 梁綺文女士（辦事處職員）、2. 周品晶老師、3. 吳存存教授、4. 管海瑾老師、5. 楊煜老師、6. 葛潔玲女士（辦事處職員）；

後排左起：1. 宋家怡老師、2. 陳欣欣老師、3. 張偉老師、4. 萬慧中老師、5. 楊虹老師、6. 何美莊女士（辦事處職員）、7. 陳美梅女士（辦事處職員）。

鳴謝

本圖錄得以在短期間內集腋成裘，實有賴歷屆中文學院師友鼎力支持。圖片搜集及資料查證，得蒙香港大學圖書館、香港大學美術博物館、香港大學檔案中心、馮秉華先生家屬、馬蒙教授家屬、趙令揚教授、何沛雄老師、金彬彬女士、黃兆漢老師、單周堯教授、鄧昭祺老師、潘漢光老師、羅世略先生、潘用財先生、蘇耀宗老師、陳熾洪老師、黃毓棟老師、蕭敬偉老師、劉潤和博士、凌榮添博士、丁新豹教授、梁操雅博士、李焯然博士、王宏志教授、劉智鵬教授、李雄溪教授、甄枝明先生、陳焯標先生、張威達先生、喬孝忠先生、陳偉智先生、文灼非先生、馬楚堅博士、劉章璋博士、岑靜雯博士等襄助。印刷經費蒙盧業樑先生贊助。編輯同仁，謹此致謝。

編輯委員會

楊永安（主編）

梁紹傑　陳遠止　楊文信

編輯助理　梁思樂

責任編輯：吳黎純
裝幀設計：高　林
排　　版：黎品先　高　林
印　　務：劉漢舉

足迹——香港大學中文學院九十年

☐ 出版
中華書局（香港）有限公司
香港北角英皇道 499 號北角工業大廈一樓 B
電話：（852）2137 2338　傳真：（852）2713 8202
電子郵件：info@chunghwabook.com.hk
網址：http://www.chunghwabook.com.hk

☐ 發行
香港聯合書刊物流有限公司
香港新界大埔汀麗路 36 號
中華商務印刷大廈 3 字樓
電話：（852）2150 2100　傳真：（852）2407 3062
電子郵件：info@suplogistics.com.hk

☐ 印刷
美雅印刷製本有限公司
香港觀塘榮業街 6 號 海濱工業大廈 4 樓 A 室

☐ 版次
2017 年 8 月第 1 版第 1 次印刷
© 2017 中華書局（香港）有限公司

☐ 規格
12 開（270 mm × 260 mm）

☐ ISBN：978-988-8488-44-5